# De la Volonté

# DU MÊME AUTEUR

Librairie des Saints-Pères, 83, rue des Saints-Pères :

**Les Chrysalides** (Poésies). 1 vol. couronné par l'Académie de Marseille.

**Le Prisme des heures** (Poésies). 1 vol. couronné par le Comité de littérature spiritualiste.

**Le Théâtre au Salon** (Saynètes en vers). 1 vol. comprenant : *Les Voisins — Le Sourire — Une querelle dans le ménage d'Arlequin — La confession de Pierrette — Le Juif errant chez Cendrillon*, couronné par Revue des poètes — *Le Quatorzième*.

**Le Théâtre au Pensionnat** (Pièces en vers et en prose). 1 vol. comprenant : *Les apprêts d'une fête — Les vertus en congé — La grève des jours de la semaine — Gaétane*.

**L'énigme du bonheur** (Nouvelles en prose). 1 vol.

**A « leur » mémoire sacrée** (Poésies). 1 brochure.

**Les Recueillements** (Poésies). 1 vol. couronné par le Comité de littérature spiritualiste.

Haton, 59, boulevard Raspail :

**L'offrande à Sainte Anne.** 1 acte en prose pour jeunes filles.

Georges Ondet, 83, faubourg Saint-Denis :

**Le Serment de Loïc.** 1 acte en prose pour jeunes filles, couronné par les Belles Chansons de France.

Lesot, 10, rue de l'Éperon :

**Le barbier du nouveau Seigneur.** 1 acte en prose pour jeunes gens.

## *A paraître prochainement :*

**Le Sachet** (Saynète en vers), couronné par la Revue des Poètes.
**De la Souffrance.** 1 vol. en prose.

# MARGUERITE DUPORTAL

# De la Volonté

*Couronné*
*par l'Académie française*

PARIS

LIBRAIRIE P. LETHIELLEUX

10, RUE CASSETTE, 10

# AVANT-PROPOS

A tous ceux qui se croient dénués de volonté,
ou maigrement pourvus d'une volonté faible, pré-
caire, insuffisante... à ceux qui souffrent de cette
prétendue pénurie, et à ceux qui leur en font grief;
à ceux qui s'ingénient à créer de toutes pièces une
volonté dans les natures qu'ils en déclarent dému-
nies, ou à développer le peu qu'ils en découvrent
dans les natures qu'ils en estiment faiblement
dotées, — je dédie ce livre, destiné à affirmer, et,
je l'espère, à prouver, que personne n'est sans
volonté; que nous en avons tous exactement la
même dose et la même puissance; que chacun
porte en soi la volonté d'un Napoléon, et que l'opi-
nion contraire répandue à cet égard n'est qu'une
lourde, étrange et lamentable erreur, dont il est
grand temps de débarrasser les consciences.

Il ne s'agit ici ni de suggestion à exercer, ni de
théorie personnelle à défendre. Il s'agit d'une vérité
de fait, à dégager et à proclamer.

# DE LA VOLONTÉ

## I

## L'exercice ou le temps peuvent-ils créer ou déveloper la volonté ?

Une vérité que l'on veut établir ou rétablir, comme un édifice que l'on veut construire ou restaurer, demande tout d'abord le déblayage du terrain sur lequel l'opération doit être faite.

Déblayons donc.

Il existe — dit-on, — à côté de gens à volonté forte, des gens à volonté faible. Il existe des gens qui manquent de volonté comme d'autres manquent du sens de l'ouïe ou de la vue. Bien doués parfois sous le rapport de l'intelligence et du sentiment, ces gens sont condamnés, tant que persistera leur nullité sur le chapitre du vouloir, à rester toujours, en fin de compte, des non-valeurs, quand ils ne deviendront pas des fléaux de l'humanité. Leur responsabilité est grande. Par leur coupable défaut de volonté, ils laissent s'accomplir de multiples injustices, renoncent à l'exécution de devoirs impérieux, abandonnent des tâches fécondes et nécessaires... On ne saurait trop les blâmer, dénoncer leur funeste exemple, et les exhorter à sortir de leur léthargie, en essayant par tous les moyens imaginables de leur infuser cette qualité primordiale, clé de voûte de tous les grands caractères : la volonté.

Et voilà !

Et l'illogisme de ce raisonnement couramment adopté ne surprend et n'arrête personne !

Cependant, de deux choses l'une : ou les êtres à volonté faible, les êtres sans volonté, nés ainsi, n'y peuvent rien, et sont des infirmes à qui l'on ne doit aucunement reprocher leur infirmité ; ou cette faiblesse, ce manque de volonté leur sont imputables, et alors cela revient à dire qu'ils n'ont point de volonté parce qu'ils n'en veulent point avoir ; ils ont donc la volonté de ne pas vouloir ; ils ne sont donc pas sans volonté.

Si les êtres que nous cherchons ici à analyser

étaient véritablement des infirmes moraux, fatalement esclaves de leur tare et incapables de s'en affranchir, l'humanité ne s'enferrerait pas à leur endroit au point de les déclarer à la fois irresponsables et fautifs, et de prétendre à toute force les corriger d'un vice irrémédiable. L'instinct de justice qui préserve l'humanité des grands égarements continués et poursuivis d'âge en âge empêcherait les moralistes, les éducateurs et les philosophes de s'évertuer à faire et à refaire le procès de ces infirmes, et le simple bon sens commanderait qu'on cessât de tenter, — par des procédés toujours d'ailleurs couronnés d'insuccès, — tout renforcement des volontés dites faibles, toute création de volontés dites inexistantes.

Or, nous voyons au contraire moralistes, éducateurs et philosophes se jeter à corps perdu dans cette éternelle tentative, avec un zèle, une conviction et un dévouement dont il faut leur savoir gré. Il est vraiment dommage, toutefois, qu'ils consacrent ainsi leur temps et les facultés de leur esprit à une entreprise aussi stérile que l'occupation d'un Sisyphe, hissant indéfiniment son rocher vers le haut de la montagne d'où il doit toujours le voir retomber, ou que le bourdonnement obstiné d'une mouche contre la vitre à travers laquelle elle s'imagine toujours qu'elle pourra prendre son vol.

La tentative de ces moralistes pèche par la base. Et l'étonnant, c'est qu'aucun d'eux ne s'en soit encore aperçu.

Ils disent : Cet homme a peu ou n'a point de volonté : nous allons lui en donner.

Là-dessus, vont-ils à la source (?) de la volonté, en quérir une provision pour la verser dans les natures qu'ils en jugent dépourvues, comme on va prendre un broc d'eau à la fontaine pour en alimenter un réservoir à sec?

Naturellement, non. Pour la bonne raison qu'il n'existe pas de fontaine publique de la volonté, dont le jet limpide coulerait ostensiblement à la disposition de tous.

Vont-ils, alors, ces dévoués moralistes, opérer sur eux-mêmes et sur leurs élèves une sorte de transfusion du sang de la volonté, en leur communiquant la leur par un procédé direct?

Je crois volontiers qu'ils le feraient s'ils en

avaient le moyen pratique. Mais la transfusion directe d'une faculté d'ordre moral est chose radicalement impossible. On ne transfuse à personne sa propre raison, ni sa propre vertu, encore moins sa propre volonté. L'enseignement n'est pas une transfusion : c'est une initiation, un éclairage de l'esprit facilitant la compréhension des choses ; encore faut-il que cette clarté soit reçue, que ces explications soient admises par l'intelligence à qui elles s'adressent. L'exemple n'est pas une transfusion : c'est une amorce, une contagion, un entraînement ; à force de voir quelqu'un agir avec bonté, avec courage, avec désintéressement, on pourra prendre le goût de cette façon d'agir, éprouver le désir de l'imiter et y porter sa volonté. Mais nul ne suit, en définitive, un exemple quelconque, bon ou mauvais, que s'il veut le suivre, à moins qu'il ne se trouve emporté par une impulsion en quelque sorte animale et irrésistible, où la volonté réfléchie n'est plus en jeu, comme dans le cas de certaines frénésies populaires. De toutes façons, dès qu'il est question de communiquer précisément la volonté qui fait agir ou qui s'oppose à l'acte, toute espèce de transmission directe est illusoire et impossible. Notre volonté est personnelle ou n'est pas. Dieu lui-même ne peut pas vouloir pour nous, ni nous faire vouloir ce que nous ne voulons pas.

Comment donc vont s'y prendre les généreux moralistes qui se consacrent à cette tâche de cultiver la volonté des faibles, et de subvenir au dénûment des prétendus déshérités de la volonté? Quelle méthode vont-ils employer? De quels facteurs vont-ils se servir? D'où vont-ils partir pour commencer leur traitement?

Ils disent : Nous partons de peu, et même de rien. Notre méthode, c'est l'exercice. Notre grand facteur, c'est le temps. Par la répétition des actes d'une volonté faible, ou même d'une volonté nulle, nous arrivons à produire une volonté forte. Il y faut de la patience, de la persévérance; mais le triomphe est au bout. L'expérience l'a prouvé.

Or, tout ce que l'expérience a prouvé, c'est que des actes répétés de bonté ont rendu peu à peu un être meilleur; des actes répétés de courage ont rendu peu à peu un poltron moins poltron et même brave ; des actes répétés de sobriété ou de douceur ont rendu peu à peu un violent, un intempérant, doux et sobre, etc..., etc... Mais comment ces acquisitions de vertus ou d'accroissement de vertus se sont-elles produites ? Grâce justement à la volonté de celui qui s'est astreint à la répétition de ces actes : c'est parce qu'il a voulu exercer sa bonté, sa bravoure, sa sobriété ou sa douceur, qu'il les a exercées et ainsi fortifiées. Mais, sans volonté, il n'aurait rien exercé du tout.

La volonté elle-même s'exerce-t-elle et s'accroît-elle par de tels exercices ? Point. On n'a, après la répétition de ces exercices, ni plus ni moins de volonté qu'on n'en avait auparavant : car si on n'en avait pas eu d'avance ce qu'il en fallait pour les faire, on ne les aurait pas faits.

Si je n'ai en moi aucune volonté, à l'aide de quoi déclancherai-je le premier effort destiné à m'en procurer un peu ? En supposant que je possède déjà ce peu, et que ce qu'on appelle le manque de volonté ne soit jamais que sa réduction à un germe minuscule, à un soupçon initial de volonté, par quel miracle ce peu se transformera-t-il en beaucoup?

Avec mon soupçon de volonté, je voudrai faiblement quelque chose; je ferai donc, si je le veux, de faibles progrès en patience, en sobriété, etc... Mais comment ferai-je des progrès en volonté? Pour voir s'augmenter un peu ma faculté de vouloir, il faut que je veuille un peu plus que je ne voulais tout à l'heure; mais pour vouloir un peu plus, il faut que j'aie un peu plus de volonté : où prendrai-je cet un peu plus? en ce que j'ai déjà? Mais par quel phénomène ce que j'ai me fournira-t-il ce surcroît? Et comment avec mon peu de volonté produirai-je un acte qui en exige davantage? Par quelle invraisemblable et impossible multiplication d'elle-même ma volonté s'amplifiera-t-elle? A l'aide de quoi m'emparerai-je d'elle pour lui faire faire plus qu'elle n'est capable de faire? pour lui faire donner plus qu'elle n'est en mesure de donner?

Ceux qui s'intitulent professeurs d'énergie disent : *Veuillez vouloir*. Mais pour vouloir vouloir, il faut avoir de quoi vouloir. Et si on n'a pas de quoi vouloir, comment voudra-t-on vouloir ?

Moralistes et professeurs d'énergie auront beau varier formules et recettes, appeler le temps à leur aide... ils en reviendront toujours à ce cercle vicieux : pour développer sa volonté, il faut en posséder déjà tout juste autant qu'on souhaite en acquérir.

Dire à quelqu'un qu'il peut, s'il le veut, en s'y exerçant, augmenter sa dose de volonté, c'est lui proposer de se grandir en se prenant lui-même dans ses bras et en se juchant sur ses propres épaules.

Quant à compter sur l'œuvre du temps pour faire éclore une volonté qui n'existe pas, c'est imiter en philosophie le raisonnement de ces faux savants qui affirment que le monde s'est fait tout seul, et que l'univers est sorti de rien avec l'aide du temps.

A ce début magistral de la page sublime qui ouvre l'Évangile de saint Jean :

« Au commencement était le Verbe, et le Verbe était en Dieu, et le Verbe était Dieu... »,
à ces lignes inspirées, que nul ne peut lire

ou entendre sans un tressaillement sacré, et que l'homme ne pouvait écrire que sous la dictée divine, les faux savants en question ont substitué leur évangile à eux :

Au commencement était le néant, et le néant n'était dans rien, et le néant n'était rien...

Et ils continuent ainsi :

A force de n'être rien, le néant est devenu quelque chose. En y mettant des milliards et des milliards d'années, le néant est devenu une monade. Et de cette monade, avec le concours d'autres milliards et milliards d'annés, tout est sorti. Le monde entier a donc été produit par le néant. Le rien est devenu le tout. Au moyen de quoi ? au moyen du temps.

Or, qu'est-ce que le temps ? à lui tout seul est-ce un facteur ? Le temps, comme facteur, est un zéro. Et pas même un zéro, puisqu'il ne s'ajoute pas aux autres facteurs et ne leur ajoute rien, mais se borne à les contenir. Tout facteur qui opère, opère dans le temps. La succession des diverses opérations : développement, usure, métamorphose, que de nombreux facteurs accomplissent dans le temps, peut être fort lon-

gue avant d'aboutir à un résultat qui s'aper-
çoive : on dit alors que le temps a fait son œuvre. Mais ce n'est là qu'une façon de parler,
qui peut donner le change, et qui, malheureu-
sement, le donne. Développement, usure,
métamorphose, se sont accomplis dans le
temps, grâce à d'innombrables facteurs travail-
lant sur la substance livrée à leurs opérations.
Mais le temps, lui, n'a rien développé, rien usé,
rien modifié. Car le temps n'est pas une force.
Il n'est ni force matérielle, ni force morale. Il
n'est que l'évaluation de la durée, laquelle n'est
elle-même que la mesure de toute succession
d'opérations.

La volonté, donc, ni ne se crée, ni ne se
développe à l'aide du temps. Toute volonté
existante existe avec sa totale plénitude, et doit
son existence à l'intervention directe de Dieu,
qui en dote l'âme au moment où il la crée. Ce
cadeau que Dieu fait à la personne humaine en
l'appelant à la vie, il le lui fait d'un seul coup,
entier et inaliénable. Il ne le lui reprendra
jamais. Et il ne lui permettra jamais qu'une
volonté étrangère, non même la sienne, s'y
substitue.

## II

## Un traitement physique de la personne humaine peut-il créer ou développer la volonté?

S'il est chimérique et vain de s'essayer à créer ou à développer directement dans l'être humain la faculté de vouloir, ne pourrait-on parvenir à ce but d'une manière indirecte, au moyen d'un développement ou d'un perfectionnement des facultés physiques de l'individu?

Chacun sait combien notre être moral se trouve en étroite dépendance de notre mécanisme corporel. L'homme a été défini : « Une intelligence servie par des organes. » Et la définition est juste, quoique incomplète. Elle est juste, parce qu'en effet l'être pensant que nous sommes a besoin, pour penser, de l'outillage matériel, qui, joint à notre psychisme pur, à notre âme, constitue notre personne humaine. Elle est incomplète parce que l'homme n'est pas seulement une intelligence, il est aussi une volonté. Et si des organes corporels nous ont été donnés pour servir — et parfois desservir — notre faculté de connaître, aucun organe corporel ne nous a été donné pour servir ou desservir notre faculté de vouloir.

La volonté ne possède aucun outil matériel dont le fonctionnement bon ou mauvais puisse favoriser ou altérer son action. On ne peut donc la développer ni la perfectionner, encore moins la créer, en développant ou en perfectionnant son instrument, puisqu'elle s'en passe, puisqu'elle n'en possède pas.

Il n'y a pas dans l'homme d'organe de la volonté. La volonté est même justement la seule faculté de l'âme représentant le psychisme indépendant, pur, échappant à toute contrainte matérielle, à toute entreprise d'asservissement, à tout choc en retour du physique sur le moral.

Ce n'est donc pas en prenant des douches, ou des stimulants du système nerveux ; ce n'est pas en faisant de la suralimentation ou un séjour à la campagne, ni en cultivant les sports, ni en adoptant tel ou tel autre moyen d'entraîner, d'endurcir, d'exciter ou de calmer notre tempérament physique, que nous pourrons acquérir de la volonté.

On a vu, toutefois, à la suite d'un traitement physique approprié, les manifestations d'une volonté se modifier notablement et même du tout au tout. Que s'était-il donc produit? Une modification dans les *possibilités d'exécution* du sujet. Pas autre chose (1).

Avant ce traitement physique, le sujet ne faisait pas ceci ou cela, et l'on croyait qu'il ne le faisait pas parce qu'il ne voulait pas le faire. Or, il ne le faisait pas, soit parce qu'il ne pouvait matériellement pas le faire, soit parce qu'il ne l'aurait pu qu'au prix d'un effort excessif qu'il ne voulait pas s'imposer, soit enfin parce qu'il ne savait pas qu'il pouvait le faire. A présent, il le fait : c'est *ou que l'impossibilité matérielle a disparu, ou que l'effort exigé est devenu moins considérable, ou que la connais-*

_______

(1) Il importe de ne jamais confondre la puissance d'exécution d'une volonté avec la puissance de la volonté elle-même.

*sance de ses possibilités est apparue au sujet.*

Mais si c'est son vouloir qui s'est modifié, et c'est-à-dire qui a changé de but, le traitement physique n'y a été pour rien.

Il n'y a pas, quoi qu'aient pu écrire là-dessus les auteurs les plus doctes, de maladies de la volonté, j'entends maladies qui ressortissent à la thérapeutique médicale. *Il y a des maladies des nerfs et des muscles, qui privent l'homme de la possibilité de faire ce qu'il voudrait faire; il y a des maladies du cerveau, qui l'empêchent de comprendre et de savoir ce dont il est capable; mais il n'y a pas de maladie qui s'attaque à sa volonté elle-même, parce que celle-ci est essentiellement immatérielle.*

Si on peut appeler malade une volonté dépravée, cette maladie n'a rien à voir avec un état physiologique quelconque. La dépravation de la volonté est quelque chose d'exclusivement moral, qui peut fort bien s'allier à un complet équilibre et à un parfait fonctionnement de tout l'outillage corporel; par contre, l'excellence de la volonté peut aller de pair avec le plus pitoyable état de la personne physique.

Dans les cas de suggestion et d'hypnose, ce n'est jamais sur la volonté de l'hypnotisé que l'hypnotiseur agit, mais sur sa connaissance. L'hypnotisé, comme le fou, conserve intact son vouloir au milieu des plus bizarres détraquements de sa mentalité; ce sont ces détraquements qui, seuls, le jettent à l'exécution d'actes si étranges, et si contraires à son caractère, qu'on croit devoir les attribuer à une substitution de volonté. De tels actes ne sont en réalité que le résultat d'une altération de connaissance, due aux troubles cérébraux provoqués par un phénomène d'ordre physique.

Non seulement il faut déclarer immatérielle la volonté de l'homme, faite à l'image de celle de Dieu, mais on peut découvrir dans l'animal, dans la plante, et jusque dans la créature la plus inerte et la plus insensible, une sorte de principe spirituel qui représente le vouloir de ces êtres inférieurs. Vouloir tout instinctif et tout fatal, imposé à la nature de l'être par son Créateur : vouloir cependant, et qui se différencie de la substance matérielle de l'être, ne saurait se confondre avec elle.

Quand je place un objet dans des conditions d'équilibre instable, je m'aperçois que cet objet ne veut pas tenir ainsi posé, qu'*il veut* reprendre son équilibre. Quand l'héliotrope tourne vers le soleil ses boutons près d'éclore, je constate que la fleur de ce végétal *veut* s'ouvrir et s'épanouir à la lumière. Quand un chien accourt à mon appel et qu'un oiseau s'envole dès que je fais mine de l'approcher, je dis que le chien *a voulu* venir à moi et que l'oiseau *a voulu* me fuir. Ce sont bien là les manifestations de quelque chose qui dépasse le domaine des sens et qui ne peut être modifié par aucune action matérielle : car, si je puis fixer cet objet par des clous ou des cordes dans l'état d'équilibre instable où je l'ai placé; si je puis contraindre par un tuteur les fleurs de l'héliotrope à rester tournées du côté de l'ombre; si je puis éloigner le chien en le menaçant d'un bâton, ou capturer l'oiseau en l'attirant par du grain répandu, je ne puis faire que la loi, la tendance et l'instinct qui régissent la position et les mouvements naturels de ces êtres soient autres qu'ils ne sont.

Loi, tendance et instinct sont donc bien des forces d'un autre ordre que la matière elle-même, des forces sur lesquelles, par conséquent, nulle mesure matérielle ne saurait avoir de prise.

Si cette volonté instinctive, involontaire et fatale de l'animal, de la plante et du minéral, — volonté qui n'est qu'une loi de leur nature et tout au plus une sorte d'âme sans conscience responsable, — échappe à toute action matérielle, directe ou indirecte, à plus forte raison doit y échapper notre volonté humaine, personnelle, libre, consciente et immortelle.

## III

## Pouvoir. Savoir. Vouloir.

Voilà donc chacun de nous avec sa dose de volonté inaugmentable et irréductible. L'illusion de ceux qui se faisaient fort d'en procurer des suppléments, tout comme l'illusion de ceux qui espéraient en acquérir quelque surcroît, doit tomber devant la constatation des faits et leur scrupuleuse analyse. Chacun de nous n'a de volonté que ce qu'il en a reçu de Dieu au moment de la création de son âme. Il n'en aura jamais ni plus ni moins.

Mais cette dose est-elle la même pour tous?

Il semble bien que non, et que ce soit l'évidence même qui le prouve.

Cependant regardons-y de près avant de répondre.

Sur quoi se base-t-on pour déclarer que tel

individu est prodigieusement riche en volonté, tandis que tel autre n'en possède que fort peu, et tel autre encore point du tout?

Sur ce fait que le premier poursuit avec ténacité tout ce qu'il entreprend, vient à bout d'œuvres difficiles, exigeant des efforts et de la persévérance ; tandis que le second se décourage et reste à mi-chemin du but, et que le troisième ne prend même pas la peine de se mettre en route.

Conclure de là à des répartitions inégales de la volonté dans les natures, c'est négliger d'observer beaucoup de choses ; et, tout d'abord, d'examiner si les capacités physiques de ces trois individus sont les mêmes ; car enfin, proposez à un homme parfaitement agile et bien découplé de grimper dans un arbre, il y grimpera dès qu'il le voudra ; soumettez la même proposition à un manchot ou à un cul-de-jatte : ceux-ci ne demanderaient certes pas mieux que d'en faire autant, mais avec la meilleure volonté du monde ils en seront fort empêchés.

Il s'agit donc, avant tout, d'examiner si ce qu'on attribue à un manque ou à une insuffisance de volonté ne provient pas d'un manque ou d'une insuffisance de moyens d'exécution.

Ce n'est pas toujours aussi facile à constater que dans le cas du cul-de-jatte ou du manchot. Il y a de sourdes résistances de l'être physique, il y a aussi des complications matérielles extérieures dans lesquelles un homme peut se trouver pris, et qui, sans apparaître clairement aux yeux de l'observateur, rendent impossible la réalisation d'une entreprise vers laquelle se tend cependant toute la volonté du sujet.

Le vieil adage, entraîneur et magnifique : *Vouloir, c'est pouvoir*, n'exprime nullement une vérité de fait, mais une excitation à la recherche et à l'utilisation de toutes les possibilités dont on dispose. Il est certain qu'on ne fait pas toujours tout ce qu'on peut. Mais il est certain aussi qu'on ne peut pas tout ce qu'on veut.

Un captif, dévoré du désir de recouvrer sa liberté, brisera ses liens, limera ses barreaux, si sa force musculaire le lui permet, si quelque outil providentiel se trouve tomber entre ses mains... Mais, chétif et démuni de tout instrument de délivrance, il aura beau être animé du plus violent désir de s'évader, il n'en pourra venir à bout.

Chacun peut, s'il le veut, et s'il les découvre, utiliser tout ce qu'il a de possibilités. Il ne peut rien au-delà.

La théologie avance hardiment que Dieu, qui peut tout, ne peut que ce qui est possible. Assurément, c'est déjà un champ infini : Dieu ne peut que ce qui est possible, mais il peut *tout ce qui est possible*. Les hommes sont loin, aussi loin que le fini l'est de l'infini, de pouvoir tout ce qui est possible : ils peuvent seulement tout ce qui *leur* est possible. Et ce qui est possible à l'un n'est pas toujours possible à l'autre.

On peut donc avoir autant de volonté que le voisin et ne pas réussir là où le voisin réussit, faute des mêmes moyens personnels ou extérieurs d'exécution. Ce n'est pas un manque de vouloir qui empêche, dans ce cas, d'agir : c'est un manque de *pouvoir*.

Il arrive aussi que le pouvoir existe, mais que le sujet l'ignore. Nous ne savons pas toujours ce dont nous sommes capables. Quand nous le

savons, quelquefois, il est vrai, nous n'en faisons ni plus ni moins. Mais, quelquefois aussi,
il suffit qu'on nous révèle à nous-mêmes nos
possibilités pour que nous nous empressions
de nous en servir. Il suffit aussi que nous
croyions ne pas pouvoir faire une chose pour
que nous soyons dans l'impossibilité de la faire,
tout en ayant sincèrement la volonté de la faire.

Dans une comédie de Verconsin, deux loca-
taires, se trouvant à minuit devant la porte de
la maison qu'ils habitent, carillonnent en vain
sans parvenir à se faire entendre de leur con-
cierge. Après une demi-heure d'attente, ils
s'aperçoivent tout d'un coup que cette porte,
qu'ils croyaient fermée, était ouverte, et qu'ils
n'avaient qu'à la pousser pour rentrer chez eux.
Depuis une demi-heure, ils ne voulaient que
cela : en réalité, il le pouvaient, mais ils ne
savaient pas qu'ils le pouvaient : et c'était tout
comme s'ils ne l'avaient pas pu, ou pas voulu.

Il y a donc des cas où l'on est empêché
d'agir, non par manque de pouvoir, ni par
manque de vouloir, mais par manque de *savoir*.

La connaissance ne crée pas la possibilité,

mais elle est la condition indispensable de l'utilisation de toute possibilité.

Un homme atteint de paralysie imaginaire est persuadé qu'il ne peut pas marcher. Le médecin qui arrivera à lui faire admettre, soit par raisonnement, soit par suggestion, qu'il peut marcher, le fera marcher sans avoir agi le moins du monde sur l'état de ses jambes.

La suggestion n'opère ni sur le pouvoir, ni sur le vouloir, mais sur le savoir. Sur un cerveau malade, elle opère plus facilement que sur un cerveau sain, parce que la faiblesse de l'organe le rend incapable de réaction défensive. Et c'est ce qui fait que la suggestion est chose si dangereuse ; car le faux se suggestionne comme le vrai ; et la suggestion du faux accentue l'état de délabrement du cerveau anormal.

Suggestionner le faux, c'est susciter dans un esprit, par l'implantation de certaines images, la croyance à des possibilités ou à des impossibilités irréelles. Et alors nous voyons, sous l'influence d'un Donato ou d'un Pickmann, des individus soulever avec la plus grande peine un panier vide qu'on leur a dit être rempli de ferraille ; ou s'aventurer hardiment sur une corde raide tendue dans les airs, qu'on leur aura fait prendre pour un sentier entre deux prairies ; ou se précipiter chez un bijoutier pour y voler une montre en criant : Je suis un honnête homme ! Nous avons connu l'auteur de cette dernière excentricité : cet honnête voleur obéissait, malgré son vouloir, à un ordre donné par un suggestionneur, et dont il croyait réellement ne pas pouvoir s'affranchir.

Pouvoir, ou ne pas pouvoir ; savoir ou ne pas savoir qu'on peut ou qu'on ne peut pas, voilà donc ce qui permet ou interdit au vouloir, non pas d'exister, avec plus ou moins d'intensité ou de force, mais de s'effectuer, avec plus ou moins de plénitude.

Apprécier le pouvoir et le savoir d'autrui est donc la première condition d'une évaluation équitable de son vouloir.

Cette appréciation préalable n'est pas chose aisée, reconnaissons-le. D'autant moins aisée que souvent autrui n'a rien de plus pressé que de fausser, exprès ou inconsciemment, ses déclarations à l'enquêteur.

La tentation est grande, pour celui qui ne veut pas, de se tirer d'affaire en disant qu'il ne peut pas. Comment démêler, dans cette déclaration d'impuissance, la part qui peut revenir à la vérité de fait, celle qui peut revenir à l'erreur, et celle qui peut revenir au mensonge?

L'outil de l'activité et de la connaissance humaines étant toujours, en premier lieu, notre propre corps, et cet outil-là n'étant pas interchangeable, nous ne pouvons jamais nous emparer de celui du prochain pour contrôler la façon dont il joue et déclarer ensuite à chacun de façon péremptoire : Voici ce que tu peux, voici ce que tu sais, voici donc ce que tu feras si tu le veux. S'en rapporter à la parole d'autrui, c'est risquer d'être dupe. Nier de parti pris sa bonne foi est un autre risque d'égarement.... Nous nous heurterons toujours ici à une porte absolument close, celle de la conscience, que personne ne peut forcer. Personne, en effet, ne peut ouvrir cette porte pour savoir à coup sûr ce qu'il y a derrière. Et Dieu, qui le sait parce qu'il voit les deux côtés de la porte, ne peut pas plus que nous la faire s'ouvrir si elle veut rester fermée.

Mais un sage a dit : « Si vous voulez savoir ce que pense un homme, n'écoutez pas ce qu'il dit, examinez ce qu'il fait. » Et un proverbe chinois affirme que « l'âme n'a pas de secret que la conduite ne révèle ».

La pensée, le secret de l'âme, connus et révélés, c'est proprement l'intention du vouloir mise au jour. Ainsi donc, la conduite d'un être m'apprendra ce que sa parole cherche peut-être à me dissimuler. Je n'entrerai pas dans sa conscience en forçant la porte qu'il tient fermée : j'y surgirai par le souterrain de l'observation psychologique.

Il faut que cette observation de la conduite d'un homme soit en effet bien révélatrice de sa pensée et par là même de son vouloir, pour que Talleyrand ait pu dire que la parole nous avait été donnée précisément pour nous défendre contre cette révélation.

Je vais donc regarder vivre l'homme qui me dit : *je ne peux pas*, en présence de la proposition que je lui fais ou de l'ordre que je lui donne d'exécuter tel ou tel acte. Je verrai bien s'il se refuse à l'exécuter quand aucun avantage ne doit lui en revenir, et s'il s'y décide quand il entrevoit au bout une récompense ou un salaire; je verrai si son acceptation ou son refus coïncident avec son état de santé ou de maladie, de bonne ou de mauvaise humeur, etc., etc... Et je finirai ainsi par me rendre compte, au moins approximativement, de ce que vraiment il peut, et de ce que vraiment il ne peut pas. Et je saurai alors s'il faut croire ou non à sa parole.

Quand j'aurai établi, avec des présomptions suffisantes, que tel individu, sollicité d'accomplir un acte donné, *peut* accomplir cet acte, *sait* qu'il peut l'accomplir, et ne l'accomplit pas, alors, mais alors seulement, je serai en droit d'affirmer qu'il *ne veut pas* l'accomplir.

Ayant mesuré son pouvoir et son savoir, je pourrai enfin m'occuper avec efficacité de prendre la mesure de son vouloir.

---

## IV

## Les directions diverses du vouloir

Ce vouloir, auquel nous aboutissons enfin
pour le saisir et l'évaluer, va-t-il nous échapper,
s'évanouir, et nous laisser les mains vides ?
Allons-nous être amenés à conclure que
l'homme qui *peut* accomplir l'acte qu'on lui
demande, qui *sait* qu'il peut l'accomplir, et qui
ne l'accomplit pas, est un homme sans volonté?

La conclusion serait commode. Mais il faut
savoir si elle est juste.

Précisons notre exemple. Il s'agit, je suppose,
d'un écolier qui ne travaille pas. Ce n'est pas
qu'il soit malade ou sot, ni qu'on lui demande
un travail au-dessus de ses moyens. Non. Il
s'agit d'un écolier qui peut travailler, qui sait
qu'il le peut, et qui ne travaille pas parce qu'il
ne le veut pas.

Cet écolier manque-t-il de volonté ?

Il ne veut pas travailler. Mais ne veut-il pas flâner ? Ne veut-il pas se reposer ? Ne veut-il pas se distraire ? Si vous lui en ôtez les moyens, ne met-il pas toute son invention et toute son activité à s'en procurer d'autres, coûte que coûte ? L'élève paresseux qui protège et défend sa paresse contre le règlement et les punitions déploie pour s'amuser ou pour fainéanter des ressources d'ingéniosité que tous les parents et tous les professeurs connaissent. En réalité, s'il ne travaille pas, ce n'est pas qu'il ne veut pas travailler, c'est qu'il *veut ne pas travailler.* Il refuse le travail. Il veut le contraire du travail, c'est-à-dire le repos ou l'amusement.

Où voyez-vous dans tout cela manque ou insuffisance de volonté ?

Mais, me direz-vous, si en présence du plaisir à prendre, tout comme du travail à fournir, cet enfant persiste à ne rien vouloir ? s'il se dérobe et se refuse à tout ? si aucune manifestation positive ne vient déceler en lui l'existence d'une volonté quelconque, s'appliquant à quoi que ce soit ?

Nous avons tous connu de ces natures molles, indifférentes, qui s'abandonnent à la passivité la plus complète, subissant les événements sans jamais essayer de les diriger, se soumettant à toutes les réprimandes plutôt que de s'en libérer par la plus petite initiative personnelle... N'a-t-on point dans ce cas le droit de conclure à un réel et absolu manque de vouloir?

Point du tout.

Car celui qui subit passivement la volonté d'autrui, qui se subordonne aux événements plutôt que de chercher à les accommoder à ses désirs, adopte ce genre de conduite parce qu'il le veut adopter. Pourquoi le veut-il, c'est une autre affaire. Mais, certainement, si, pouvant agir, il n'agit pas ; si, pouvant se remuer et se conduire à sa guise, il demeure passif et amorphe, c'est qu'il veut ne pas agir, c'est qu'il veut demeurer passif et amorphe. Il met sa volonté à ne pas agir, comme celui qui agit met la sienne à agir.

C'est même là une des plus grandes forces de ce monde, bien connue sous le nom de force d'inertie.

En réalité, on veut toujours quelque chose. Ne pas vouloir équivaut toujours à vouloir. Ne pas vouloir une chose, c'est en vouloir une autre. Lorsqu'une personne me dit : Je ne veux pas sortir, que dois-je comprendre ? que cette personne veut rester à la maison. La phrase : Je ne veux pas sortir, n'est pas l'expression d'une volonté négative, mais l'expression négative d'une volonté, ce qui est bien différent. Ne pas vouloir devrait toujours se traduire par « vouloir ne pas », ce qui à son tour demande à être traduit par une affirmation exprimant ce que veut celui qui ne veut pas. « Je ne veux pas sortir » signifie : « Je veux ne pas sortir », et « Je veux ne pas sortir » signifie : « Je veux rester à la maison. »

Le héros qui, sur le champ de bataille, entouré d'ennemis en nombre supérieur, ne veut pas se rendre, est certes animé d'une volonté bien évidente : s'il ne veut pas se rendre, c'est qu'il veut ne pas se rendre ; et s'il veut ne pas se rendre, c'est qu'il veut vaincre ou mourir libre. Celui qui se rend, dans des conditions analogues, a-t-il une volonté plus faible? Non pas. Il a la volonté de se rendre, comme le premier a la volonté de ne pas se rendre ; et il a la volonté de se rendre parce qu'il a la volonté de vivre, même vaincu, comme le héros a la volonté de mourir s'il ne peut vaincre.

On veut donc toujours quelque chose. Vouloir tout court, du reste, n'a point de sens. Le verbe vouloir ne saurait se conjuguer absolument, sans complément direct, ni sous sa forme négative, ni sous sa forme affirmative. On ne dit pas : je veux, sans désigner ce qu'on veut, ni : je ne veux pas, sans désigner ce qu'on ne veut pas. Ne pas vouloir une chose, c'est la refuser ou la repousser. C'est donc bien faire acte de volonté.

Mais que faut-il penser de l'homme au caractère hésitant, capricieux, incertain, qui flotte, change, tâtonne, tergiverse, revient sur ses décisions dès qu'il les a prises, répond enfin au signalement parfait de la girouette? N'est-ce point là cette fois le type de l'homme sans volonté, qui ne sait rien vouloir à fond, pas même demeurer inébranlable dans son apathie?

Nous avons affaire ici à une volonté, non pas certes réduite à néant, ni même le moins du monde diminuée, mais *morcelée, émiettée, éparpillée*. Le possesseur de cette volonté emploie son bien en parcelles, met les unes ici, les autres là, les disperse en mille endroits divers; ou bien, s'il les ramasse un instant pour les employer toutes au même usage, cette unité d'application ne dure que le temps d'un éclair : la volonté ramassée ne s'est pas plus tôt portée à droite qu'elle se retourne et se porte à gauche. Et alors, devant ces fuites, ces retours et ces éparpillements perpétuels, l'observateur est tenté de conclure à une volonté-fantôme, dont l'existence réelle ne se pourrait plus admettre.

L'état d'indécision n'est autre chose que la résultante de cet émiettement ou de ce déplacement incessant. La volonté se porte à chaque instant vers des buts opposés, tantôt par des sauts successifs, ce qui est la caractéristique de l'indécis agité, — tantôt par fragments simultanément et également dispersés, ce qui est la caractéristique de l'indécis tranquille, dont le type parfait est l'âne de Buridan.

L'indécis agité arrive parfois à prendre une brusque résolution, lorsque, fatigué de tous ces déménagements de sa volonté, il s'accorde de la laisser un peu plus longtemps au même endroit. S'il est saisi alors par une alternative soudaine et obligatoire, il prend son parti tête baissée, dit oui ou non, quitte à le regretter immédiatement après.

L'indécis tranquille, au contraire, se cristallise indéfiniment dans son indécision. Le monsieur qui ne se décide jamais est un monsieur qui veut à la fois des choses inconciliables, et qui les veut d'une volonté divisée par parties égales.

Le monsieur qui ne se décide jamais a, je suppose, une course à faire. Il veut la faire. Mais voilà qu'il pleut. Or, la pluie l'enrhume, et il ne veut pas s'enrhumer. Disons qu'*il veut* ne pas s'enrhumer. Il prendrait bien une voiture, mais il ne veut pas faire cette dépense, ou plutôt *il veut* ne pas faire cette dépense. Il enverrait bien son domestique, mais il ne veut pas le déranger dans son ouvrage, et c'est-à-dire qu'*il veut* ne pas le déranger dans son ouvrage. Il écrirait bien une lettre pour suppléer à la course faite en personne, mais les choses ne s'expliqueraient pas bien par écrit, et *il veut* qu'elles soient bien expliquées. Nous pouvons accumuler à plaisir les conjonctures au milieu desquelles notre hésitant se noie, et demeure irrésolu et perplexe : toujours nous serons amenés à conclure que s'il ne se décide à rien c'est, non point qu'il ne veut rien, mais au contraire qu'il veut trop de choses, et qu'il veut trop également des choses ne pouvant être concliées.

Ni le paresseux, ni l'apathique, ni l'indécis agité ou tranquille ne sont donc des caractères dépourvus de volonté ; et rien n'autorise à croire que celui-ci ou celui-là en possède plus ou moins que tel ou tel.

Mais enfin ne voyons-nous pas dans la vie, à pouvoir égal, des personnes réussir mieux que d'autres dans des entreprises analogues ? et ne faut-il pas attribuer ces différences de réussite à la différence de leur vouloir ?

A la différence de quantité ou de puissance

de leur vouloir ? non point. A la différence de direction prise par leur vouloir, oui bien. Et tout est là.

On admet communément que la force des fous est en général décuplée. Ce n'est pas exact. La perte de la raison n'entraîne pas mathématiquement un accroissement proportionnel de la vigueur physique. Mais le fou qui veut, pour se barricader dans sa chambre, manœuvrer un meuble extrêmement lourd, *apporte à cet acte*, au détriment de toute autre considération, *sa volonté tout entière*. Dès lors, il va obtenir de sa force musculaire un rendement que l'homme raisonnable n'obtiendrait pas de la sienne, fût-elle égale. L'homme raisonnable, eût-il le dessein de traîner ou de pousser ce meuble, voudra ne pas s'y écorcher les doigts, ne pas s'y arracher les ongles ; il voudra éviter de détériorer le meuble ou de rayer le parquet... toutes choses dont le fou n'a cure. L'homme raisonnable craindra en outre de faire du tapage et du scandale, ce qui n'arrête point le fou... C'est pourquoi la volonté de l'homme raisonnable, ne se portant qu'à demi ou au quart vers le manœuvrement du meuble, ne mettra pas en jeu toutes les facultés de pouvoir dont l'homme raisonnable peut être doué à l'égal du fou : et cet homme renoncera à mouvoir ce meuble, en s'en déclarant incapable. Il ne sera pas allé jusqu'au bout de ses capacités, de ses possibilités, de son pouvoir, parce qu'il aura mis une partie de son vouloir à des choses s'y opposant.

Les plus petites possibilités, utilisées par tout le vouloir, donneront quelquefois des résultats beaucoup plus considérables que des possibilités supérieures, mues par une partie seulement de la volonté divisée.

On va rarement jusqu'au bout de son pouvoir, on fait rarement tout ce qu'on peut. Soit qu'on ne veuille pas le faire, qu'on garde son vouloir pour un but opposé, — soit qu'on ne sache pas qu'on peut le faire, qu'on n'ait pas le savoir de son pouvoir.

Lorsque Louis XVI refusa de laisser tirer les troupes sur les premiers émeutiers, ce fut à la fois pour ces deux motifs réunis : il ne voulait pas répandre le sang français, et il ne croyait pas que cet acte d'autorité dût enrayer le mouvement de la révolution commençante.

Napoléon, dont la volonté n'avait pas de ces scrupules, et dont la confiance en soi était poussée jusqu'à l'excès qui finit par le perdre, sembla, pendant un temps, pouvoir tout ce qu'il voulait : en réalité, il ne faisait que vouloir tout ce qu'il pouvait.

Napoléon croyait en lui. Louis XVI doutait de lui. Napoléon savait ce qu'il pouvait, et même se l'exagérait. Louis XVI ignorait, ne comprenait pas, ne savait pas qu'il pût.

Napoléon mettait tout son vouloir à des buts de force, d'autorité, de domination et de gloire. Louis XVI abandonnait le sien à des buts de condescendance, de mansuétude et de conciliation.

Napoléon imposait au peuple, par sa volonté, l'obéissance à ses ordres. Louis XVI s'imposait à lui-même, par sa volonté, l'obéissance aux ordres du peuple.

Le bourgeois qui s'organise dans l'existence selon des ambitions moyennes, ménageant à la fois sa santé, sa bourse, sa réputation et ses loisirs, passe pour avoir une volonté médiocre en regard du travailleur qui s'astreint à un labeur opiniâtre pour conquérir une haute situation, ou de l'arriviste qui marche sur n'importe quoi pour parvenir à ses fins...

En réalité, ceux qui n'aboutissent dans la vie à rien de saillant ni d'extraordinaire, n'ont pas pour cela une volonté plus faible ni plus réduite que ceux qui se font remarquer par des exploits transcendants; ce n'est pas leur volonté qui est médiocre : c'est l'usage qu'ils en font.

Celui qui possède un million et qui le dépense en une multitude de menues emplettes ne se donne pas le grand air du richard qui fait l'acquisition d'un château, et ne ressemble pas non plus à l'avare sordide qui enfouit son million dans sa paillasse. Chacun fait pourtant, à sa manière, usage d'une somme de même valeur : mais l'effet produit se trouve tout différent.

Découvrir la ou les directions que prend une volonté, tout est là. Volonté, où es-tu? Réussir à la dépister lorsqu'elle se dérobe, la forcer dans son repaire et la tirer de sa cachette, c'est là tout le secret de la preuve à fournir de cette vérité indéniable : nous avons tous de la volonté, et nous en possédons tous la même dose et la même puissance

L'illusion que nous avons dénoncée et combattue dans nos deux premiers chapitres : création et accroissement possibles du vouloir humain par des efforts humains, — est née de cette illusion première qui consiste à confondre le déplacement ou la dispersion de la volonté avec son inexistence ou sa diminution présumées, et à perdre de vue les buts vers lesquels elle se porte pour ne considérer que ceux d'où elle s'écarte.

Lorsqu'un prestidigitateur fait diparaître à vos yeux la montre ou le mouchoir que vous lui avez confiés, et que vous savez bien qu'il va vous rendre tout à l'heure intacts, vous ne supposez pas une minute que ces objets ont cessé d'exister : vous vous demandez simplement où il a pu les mettre. De même, quand vous n'apercevez plus trace de volonté chez quelqu'un, ne croyez pas que la volonté de ce quelqu'un soit réduite à néant : cherchez où elle se cache.

Une volonté disparue n'est jamais une volonté anéantie : c'est une volonté escamotée.

V

## L'attrait commandant au vouloir

Tout le problème de la volonté réside donc dans la recherche des buts vers lesquels elle se porte, soit tout entière, soit par fragments égaux ou inégaux, de façon constante ou intermittente.

Mais qu'est-ce donc qui la fait se porter là ou ailleurs ? Où est le motif de son orientation ? Pourquoi la volonté se ramasse-t-elle ? pourquoi se dissocie-t-elle ? Qu'est-ce qui fait aller la volonté de l'un par ici, la volonté de l'autre par là ? Quelle est la cause de ce déclanchement partiel ou total du vouloir, *concordant ou non, du reste, avec le pouvoir et avec le savoir de l'être ?*

La connaissance ne crée pas la possibilité, elle en permet seulement l'utilisation ; et ni le savoir, ni le pouvoir, non seulement ne créent, mais ne dirigent le vouloir. Ils lui permettent de s'effectuer, mais ils ne sont pour rien dans son orientation, ils ne la commandent nullement. Ce n'est pas toujours ce qu'on peut faire, et ce qu'on sait qu'on peut faire, qu'on a envie de faire. C'est bien souvent l'opposé. La volonté virtuelle de marcher subsiste chez l'homme qui s'est cassé la jambe. L'orientation de notre vouloir est donc tout à fait indépendante des possibilités connues ou inconnues qui s'offrent à nous.

Il semble bien que ce qui amorce l'orientation du vouloir, ce qui l'aimante, ce qui commande en fait à la volonté, ne soit autre chose que l'attrait.

On va vers ce qui attire. Or, on est attiré par ce qui plaît. Ce qui plaît et qui attire, on le désire. Ce qu'on désire, on le préfère au reste, on le choisit. Ce qu'on préfère et qu'on choisit, c'est proprement ce qu'on veut.

On veut donc selon l'attrait qu'on éprouve.

Maints attraits sont en nous, aussi variés que les atavismes qui composent nos tempéraments respectifs. Ils tissent dans l'être un réseau de particularités diverses, constituant la complexité de chaque échantillon de la nature humaine pris à part.

Nos attraits personnels sont tantôt compatibles les uns avec les autres, tantôt opposés entre eux, divergents, inconciliables. Et ce sont leurs divergences qui font se disloquer vers des buts contraires notre volonté, lorsque nous oscillons ou que nous restons figés entre deux décisions, lorsque nous changeons à chaque instant de ligne de conduite, ou encore lorsque nous ne voulons rien que d'une volonté moyenne, parce que dissociée et éparpillée.

Lorsque, par contre, un attrait l'emporte en nous sur tous les autres, il déclanche la volonté totale, et draîne vers un seul but toutes les facultés de notre individu.

L'attrait peut être instinctif ou réfléchi. Instinctif, c'est l'attrait de l'animal, ou du petit enfant à qui les lumières de la raison n'ont pas encore permis de délibérer sur la valeur du bien vers lequel son attrait le porte. Réfléchi, c'est l'attrait de l'homme qui a pesé ses préférences.

Mais, instinctif ou raisonné, l'attrait garde toujours un caractère que rien ne peut lui faire perdre : *il ne dépend pas de nous, il nous est imposé.*

Nul n'est maître de ses attraits. Choisir entre deux attraits, ce n'est pas réellement choisir, c'est subir la force de l'attrait le plus grand. Si j'aime l'oseille et déteste les épinards, je ne peux pas faire que j'aime les épinards et déteste l'oseille. Quand je mange les épinards que je déteste et renonce à l'oseille que j'aime, parce que mon médecin m'a dit qu'il fallait en user ainsi pour ma santé, vais-je contre mon attrait? Oui, en apparence, parce que je ne mange pas ce qui me plaît et mange ce qui me déplaît ; non, en réalité, parce que je cède à un attrait supérieur qui est celui de rester bien portant.

L'attrait supérieur se trouve conforme, ici, à la saine raison. Mais il pourrait tout aussi bien lui être contraire, et, s'il l'était, je ne le subirais pas moins.

Si je suis morphinomane, c'est-à-dire si je préfère le plaisir de me morphiner au plaisir de vivre, on aura beau me dire que je me tue, je continuerai à me morphiner, l'attrait de la morphine étant en moi plus fort que l'attrait de la vie.

L'homme est un animal raisonnable, mais c'est-à-dire, très souvent, un animal déraisonnable. L'animal, lui, n'est ni raisonnable ni déraisonnable : il est simplement sans raison. Le morphinomane qui préfère le plaisir de se morphiner au plaisir de vivre agit contre la saine raison, mais il n'agit pas sans raison. La raison apparaît même ici comme contradictoire à l'instinct, qui inspire toujours la conservation de l'espèce.

On n'a jamais vu un animal accomplir un acte déraisonnable : ce privilège est réservé à l'homme.

C'est qu'à l'inverse de l'instinct la raison humaine peut se tromper sur l'appréciation des biens vers lesquels l'attrait porte la volonté. Et cette appréciation, juste ou fausse, ne dépend pas plus de nous que nos attraits eux-mêmes.

Celui qui est réellement persuadé que les jouissances de la morphine représentent un bien supérieur à la jouissance de la vie, ne peut pas, entre la morphine et la vie, ne pas choisir la morphine. La devise du noceur : « courte et bonne », triomphera toujours de tous les raisonnements des sages.

L'attrait est tantôt inhérent, tantôt conséquent à l'acte que se propose la volonté. C'est tantôt l'attrait-immanence, tantôt l'attrait-récompense qui s'exerce sur elle. Une course en montagne, même périlleuse, et justement parce que périlleuse, tentera celui qui possède un jarret vigoureux, des poumons solides, un tempérament trempé pour la lutte et pour l'effort physique, un caractère goûtant le plaisir du risque, le triomphe de la difficulté : attrait-immanence. Cette même course répugnera naturellement à un être débile et lymphatique, mais ce dernier pourra se trouver séduit par la perspective d'un paysage enchanteur, et se décider à tout affronter pour s'en procurer la contemplation : attrait-récompense.

L'enfant qui s'empare d'un gâteau cède à la force de l'attrait-immanence. Celui qui avale la cuillerée d'huile de ricin qui sera suivie d'un bonbon cède à la force de l'attrait-récompense.

Qu'il agisse instinctivement ou délibérément, raisonnablement ou déraisonnablement, d'après l'attrait-immanence ou l'attrait-récompense, l'homme semble donc toujours, en définitive, dirigé dans son vouloir par son attrait.

Et nos attraits, encore une fois, ne dépendent pas de nous.

On veut selon l'attrait qu'on éprouve ; et l'on n'est pas libre d'éprouver tel ou tel attrait : on le subit, avec sa particularité et son intensité.

Un poète a pu s'écrier — et la philosophie ratifie son affirmation — :

> « La douleur et la mort sont moins involontaires
> Que le choix du désir. »

Ma volonté ne serait donc pas libre ?

Si c'est l'attrait qui la commande, si mon attrait ne dépend pas de moi, si j'en subis irrésistiblement la force, instinctive ou raisonnée, si mon vouloir se déclanche fatalement dans le sens de l'attrait qui s'exerce sur moi avec le plus de violence, comment puis-je dire que j'agis librement quand je fais ce que je veux ?

Une chose me plaît plus qu'une autre. Je me porte vers elle. Rien d'invicible ne se met à la traverse de la réalisation de mon désir. Je peux atteindre mon but. Je le sais. Je le veux. Je l'atteins :

Ai-je librement agi ?

J'ai fait ce qui m'a plu.

J'ai agi comme j'ai voulu.

Mais étais-je libre d'agir autrement ?

Pouvais-je vouloir autre chose que la chose que j'ai voulue?

On étonnerait beaucoup un homme à qui l'on viendrait dire : *précisément parce que vous ne faites et ne voulez faire que ce qui vous plaît, vous n'êtes pas libre.*

C'est pourtant la vérité.

On remarquera combien je fais ici la part belle à ceux qui voudraient continuer à soutenir que nous n'avons tous ni la même dose, ni la même puissance de volonté. Car enfin, si notre volonté dépend de notre attrait, lequel, instinctif ou réfléchi, n'est pas libre, notre volonté n'est pas libre non plus. Or, nos attraits, multiples et divers, plus ou moins puissants les uns que les autres, créent, d'individu à individu, des différences innombrables : il y aurait donc

aussi, entre les volontés humaines, d'innombrables différences sur lesquelles nous ne pourrions rien, et qu'il nous faudrait absolument
subir et reconnaître.

Je mets au grand jour le visage de l'objection.

Mais l'on va voir que c'est un faux visage,
et que cette objection n'est qu'un argument
masqué.

Sans doute, nos attraits commandent à notre
volonté, sans doute encore nous éprouvons tous
des attraits différents, inégaux en valeur comme
en intensité ; de là à prétendre que nos volontés
elles-mêmes, nos volontés respectives, diffèrent
entre elles de grandeur et de puissance, il n'y
a qu'un pas...

Mais c'est un faux pas.

VI

## Le devoir libérant le vouloir<br>de la servitude de l'attrait

L'attrait commande à la volonté.

C'est exact.

Mais la volonté n'est pas obligée de lui obéir.

C'est non moins exact.

Car quelque chose, qui n'a rien à voir avec l'attrait, se dresse dans la conscience. Ce quelque chose, qui intervient, *apparemment pour enchaîner la volonté, en réalité pour la rendre libre*, c'est le sentiment du devoir.

Je ne cherche pas à entamer ici une dissertation morale. Je continue, et je me borne à relever des faits.

Le sentiment du devoir est un sentiment humain qu'il n'est ni permis ni possible de négliger, de nier ou de récuser.

Ce sentiment existe en toute créature raisonnable.

La raison, nous l'avons dit, peut se tromper sur l'appréciation des biens vers lesquels l'attrait porte la volonté, c'est-à-dire sur *l'objet du bien*. Elle peut également se tromper sur *l'objet du devoir*, et il y a de ce fait des consciences erronées. Mais elle ne se trompe ni sur la notion même du bien, ni sur la notion même du devoir. Il n'y a pas de raison en qui n'existe la recherche d'un bien quelconque, pas de conscience en qui n'existe le sentiment du devoir, ni qui se méprenne sur le caractère du devoir, qui n'en reconnaisse l'autorité.

Et cette autorité consiste, justement, à conférer au vouloir une liberté pleine et entière.

La volonté reste, il est vrai, contrainte d'obéir à l'attrait instinctif, quand celui-ci occupe toute la conscience, ou en tient lieu : la volonté de l'animal n'est pas libre, celle du petit enfant non plus, celle de l'idiot ou du fou pas davantage.

Mais en toute créature humaine possédant l'usage de la raison, la volonté est libre de suivre ou de ne pas suivre l'attrait. Et elle doit cette liberté au seul sentiment du devoir.

Le devoir ne violente personne. Il se présente. Il met la main au collet de la volonté et lui dit : « Au nom de Dieu, tu es libre. » Aussitôt la volonté, qui allait fatalement et en esclave suivre son attrait, se sent maîtresse de son choix. Qu'elle suive maintenant cet attrait ou qu'elle s'en détourne, ce sera librement, et parce qu'elle en décidera ainsi de son plein gré.

Si elle va vers le devoir en tournant le dos à l'attrait, la démonstration de sa liberté est éclatante. Si elle suit son attrait au détriment de son devoir, elle aura son remords, — autre sentiment humain indéniable, corollaire de celui du devoir, — pour témoin et pour accusateur, attestant qu'elle aurait pu faire autrement.

Si le devoir coïncide avec l'attrait, et que la volonté n'ait pas à changer sa direction pour se décider en faveur de l'attrait, il y aura cependant quelque chose de changé, quelque chose à quoi l'on ne prend point garde et qui est d'importance : la volonté aura agi dans le sens même où elle s'apprêtait à agir, mais elle aura agi dans ce sens *avec attrait*, et non *par attrait*. Ce ne sera pas l'attrait qui l'aura déterminée. L'attrait pourra se trouver, du même coup, satisfait; mais il n'aura pas imposé sa loi, la volonté se sera décidée toute seule.

Agir *avec attrait, avec passion*, ou agir *par attrait, par passion*, ce n'est pas du tout la même chose. Si on ne remplit son devoir que parce que ce devoir coïncide avec un attrait ou une passion, ou agit par attrait, par passion; si on le remplit parce qu'il est le devoir, tout en y trouvant la satisfaction d'un attrait, d'une passion, on agit par devoir.

Qu'on ne dise pas que lorsqu'il y a coïncidence entre le devoir et l'attrait la facilité du choix ôte toute sa valeur à l'acte de la volonté : car celle-ci peut conserver, dans l'accomplissement du devoir coïncidant avec l'attrait, *l'intention de l'accomplir quand bien même il se trouverait ou deviendrait contraire à l'attrait*. Le vouloir intentionnel, le vouloir virtuel, peut persister à l'égard du devoir quel qu'il soit, agréable ou désagréable, plaisant ou déplaisant, chez celui qui accomplit avec attrait une besogne choisie par devoir.

Et c'est cette racine cachée de l'intention qui fait toute la qualité, toute la valeur du vouloir (1).

Ce vouloir intentionnel ne serait jamais libre si nous n'avions en nous que des attraits. Il le devient par ce fait qu'il existe en nous un sens du devoir.

Nous ne créons pas nos devoirs plus que nous ne créons nos attraits, nous les subissons. Mais le sens du devoir est une donnée morale pure de toute contingence contraignante. Lorsque nous agissons après avoir reçu le mot d'or-

(1) Il existe dans la langue française une équivoque au sujet du mot intention : on l'emploie souvent dans le sens de projet. Et c'est ainsi que l'on dit que l'enfer est pavé de bonnes intentions : il faut comprendre que cela ne signifie qu'une chose, c'est que les réprouvés ont pris des résolutions qu'ils n'ont pas tenues, formé des projets qu'ils n'ont pas réalisés. Lorsqu'on déclare, tout en s'asseyant dans un fauteuil : « J'ai l'intention de prendre le train pour Paris », cela veut dire : « J'ai le projet d'aller à Paris », et non, bien entendu, « Je crois prendre le train pour Paris en m'asseyant dans ce fauteuil. » Mais si, ayant l'intention de partir pour Paris, on monte par mégarde dans le train qui va à Bordeaux, l'acte ici, malgré l'erreur du fait, correspond bien à l'intention présente dont est animée la volonté : et c'est ainsi que l'on dit que l'intention fait l'action.

dre du devoir, nous savons très bien, quel que soit le parti que nous prenons, que nous aurions pu en prendre un autre.

Dire que le devoir oblige, c'est proclamer son droit souverain. Mais le droit n'est pas la contrainte. Nous pouvons être contraints par les circonstances ou par la volonté d'autrui de remplir tel ou tel devoir : si nous ne le remplissons que parce que nous y sommes forcés, notre volonté n'y est pour rien. Le soldat que l'on fait marcher au feu malgré lui sous la menace des baïonnettes n'a pas la volonté de se battre. Inversement, le chrétien qu'on maintiendrait de force courbé à deux genoux devant une idole n'adorerait pas cette idole : sa volonté demeurerait aussi libre et aussi résolue que celle de Polyeucte courant briser les statues des faux dieux.

Nous faisons ce que nous voulons, quand nous le pouvons en fait, quand nous savons que nous le pouvons, et quand nous le voulons : mais pouvoir, savoir et vouloir n'aboutissent précisément à l'acte libre que sous l'inspiration du devoir.

Si le devoir n'intervenait pas pour nous faire opter librement dans un sens ou dans l'autre, nous obéirions toujours, avec la plus parfaite servilité, à l'attrait le plus impérieux.

Moralement, le devoir s'impose.

En fait, il ne s'impose pas : il se pose.

Et la liberté existe pour le vouloir dès que le devoir est posé.

Or, cette liberté existe toujours : car toujours, minuscule ou capital, le devoir se pose. Il n'est rien dans notre conduite qui n'en relève. Tout est cas de conscience, subtil, moyen ou formidable. De tout ce que nous faisons, de tout ce que nous omettons, de tout ce que nous disons et de tout ce que nous pensons, rien n'est indifférent, rien n'est sans importance.

Sans doute, les degrés de cette importance varient de l'énorme à l'insignifiant... et, dans le cours ordinaire de la vie, nous laissons beaucoup de choses se régler par notre obéissance machinale à ces attraits familiers que sont la routine et l'usage, sans éprouver dans notre conscience le rappel à l'ordre du devoir.

Il se peut, du reste, que par un choix initial, dont les conséquences s'étendent quelquefois assez loin, nous ayons mis, à un moment donné, notre volonté dans la direction voulue par le devoir, et que cette décision première nous permette de fermer les yeux un certain temps sur les entraînements de certaines habitudes prises.

C'est ainsi que l'on n'a pas toujours présente à l'esprit, — quand on remplit les charges de son état, quand on se livre à ses occupations journalières, quand on visite ses amis, qu'on se met à table, au piano ou dans son lit, — la notion de la liberté de tous ces actes.

Mais lorsqu'une conscience ferme trop long-temps les yeux, il lui arrive de tomber dans un léger assoupissement ou dans un profond sommeil. Et alors, la notion de la liberté de nos actes, qui ne fait qu'un avec le sentiment du devoir, disparaît du champ de notre con-duite. Ce n'est que dans les cas de rencontre imprévue, d'arrêt soudain de cette existence machinale, de nouveauté donnant à réfléchir, que la conscience sursaute et se réveille.

Comme un somnambule que l'on secoue brusquement et qui se demande où il est et ce qu'il fait ; comme un automobiliste qui filait grand train sur une route droite et unie, et qui se trouve subitement devant un tournant ou un obstacle auquel il ne s'attendait pas, nous prenons tout à coup conscience de notre liberté d'action ; mais parfois, emportés par la vitesse acquise, nous ne nous réveillons pas assez vite pour parer à l'accident.

Plus le sens du devoir imprègne et pénètre notre vie tout entière, plus nous sommes libres et maîtres de nous-mêmes. Plus ce sens s'oblitère dans une conscience qui commence à s'endormir, plus nous redevenons esclaves.

Le sommeil de la conscience n'est pas du tout un besoin naturel, légitime, semblable au sommeil réparateur de notre être physique. C'est une faiblesse à laquelle on se laisse aller quand on le veut bien. C'est un attrait comme un autre, en face duquel le sens du devoir ne manque pas de se dresser. Mais ici le vouloir, au lieu de se borner à tourner le dos au devoir, s'efforce de le réduire au silence. Lorsqu'on veut endormir sa conscience, on obéit tout d'abord à l'attrait qui, non seulement contredit le devoir, mais le bâillonne et le ligote. Bâillonné et ligoté, le devoir, du reste, est toujours là, protestant par sa seule présence... On ne peut jamais se débarrasser tout à fait de lui en le jetant par la fenêtre. Mais enfin il ne parle ni ne bouge plus. C'est déjà quelque chose. Et la conscience pourra dormir.

Le veilleur de nuit, décidé à ne pas abandonner son poste, prend tous les moyens possibles pour se tenir éveillé, parce qu'il sait que le sommeil pourrait avoir raison de la nature vaincue; il boit du café, entretient feu et lumière, et, quand il veut se reposer, s'assied comme les bergers de Suisse sur un tabouret à un seul pied, dont la chute le rappellera fatalement à lui-même s'il lui arrive de céder au sommeil.

Celui qui veut endormir sa conscience fait exactement le contraire : car il sait que la conscience ne s'endort pas toute seule. Pour que la conscience s'endorme, il faut le faire exprès : il faut verser à la conscience des narcotiques. Et l'on sent bien que c'est très grave. Aussi la plupart d'entre nous ne cherchent-ils pas à endormir à fond leur conscience; ils se contentent de la mettre en état plus ou moins accentué de somnolence, en laissant par ailleurs au devoir le moyen de proférer quelques syllabes ou d'esquisser quelques gestes.

Endormir sa conscience, après avoir fait taire le devoir, est donc un acte libre, lequel ne requiert et par conséquent ne décèle, de la part de celui qui l'accomplit, ni plus ni moins de volonté que l'acte contraire, lequel consiste à tenir sa conscience éveillée, et à recueillir avec attention les moindres oracles du devoir.

C'est donc bien librement qu'on se délivre ou qu'on s'enchaîne; c'est donc librement qu'on se rend maître ou esclave de son attrait quel qu'il soit.

Il n'y a donc entre nos volontés humaines d'autre différence que celle qui provient d'une disposition prise en faveur ou à l'encontre du devoir.

La volonté qui se dispose en faveur du devoir s'appelle la bonne volonté. La volonté qui se dispose à l'encontre du devoir s'appelle la mauvaise volonté. Il n'y a au monde, parmi les êtres pensants, que ces deux volontés-là. Et chacun de nous fait librement de la sienne, en totalité ou en partie, pour un instant, pour un jour, pour une vie ou pour une éternité, — une de ces deux volontés-là.

# VII

## La notion divine du devoir

Qu'est-ce donc que ce sens du devoir, devant lequel s'arrête le mécanisme fatal de nos facultés, et qui crée en nous, par sa seule présence, le libre jeu de nos déterminations personnelles?

Ce ne peut être qu'un bien, et le plus grand de tous les biens, puisqu'il place en nos mains la clé de nos destinées, puisqu'il déverrouille notre vouloir, nous hausse à la dignité de créatures conscientes et responsables; puisqu'il nous met enfin en possession de ce que les hommes ont toujours revendiqué ici-bas avec le plus d'âpre insistance, avec les plus fiévreux enthousiasmes et les plus ardentes clameurs : la liberté !

Le sens du devoir est donc un bien. Mais il

l'est surtout et avant tout parce qu'il est la propre touche du divin dans notre âme, la révélation intime de l'existence d'une volonté supérieure à la volonté humaine.

Cette volonté supérieure ne peut être que bonne. Le mal, en effet, n'est pas supérieur au bien; car le bien, c'est l'être, et le mal c'est le manque, le défaut d'être. Si donc une volonté existe, supérieure à la nôtre, il faut que cette volonté et le sens du devoir qui nous la révèle soient des biens supérieurs à tout autre, soient *le bien*.

Volonté suprême, bien suprême, à la fois incontestable par la raison de l'homme, et inconnaissable en plénitude à cette même raison.

La raison humaine, en effet, ne peut ni douter que Dieu soit, ni atteindre toute seule à la connaissance approfondie de Dieu.

Dieu se prouve à nous d'une façon irrécusable d'abord par la constatation de l'existence d'un monde qui n'a pu se faire lui-même, puis par ce sens du devoir déposé en nous avec un caractère d'autorité *dépassant toute autorité humaine*.

Aucun homme n'a de lui-même et par lui-même autorité sur un autre. L'autorité conférée par la force n'est qu'un fait brutal contre lequel se révoltera toujours la conscience. L'autorité conférée par la nature, comme celle des parents sur leurs enfants, si on la dépouille de sa délégation divine, n'est plus qu'un pouvoir temporaire, vite secoué, analogue aux rapports qui existent dans la famille animale entre les bêtes et leurs petits. L'autorité conférée par le droit social n'est que l'acceptation d'un contrat que l'une des deux parties, quand elle se sent la plus forte, peut toujours récuser.

On aura beau tourner et retourner la question : sans Dieu, pas de devoir.

Sans devoir, pas de liberté, puisque tout cède à l'attrait, et que l'on ne peut rien contre son attrait.

Sans liberté, rien à faire et rien à dire. Le monde ira comme il pourra. Il faut renoncer à tout progrès. Il n'y a ni bien, ni mal, ni volonté personnelle. Et tout effort, en quelque sens que ce soit, est parfaitement inutile.

On m'objectera que l'athée peut être honnête

homme et se conduire par sentiment du devoir.
Je répondrai que ce prétendu sentiment du
devoir n'est en réalité, chez lui, qu'un attrait.
Il se trouve que cet attrait coïncide avec le
bien général : tant mieux ! Mais s'il coïncidait
un jour avec autre chose, l'athée ne saurait
s'en détourner.

Sans Dieu, l'homme est son propre maître.
Et l'homme qui n'obéit qu'à lui-même est fatalement le serviteur de son attrait.

L'athée, s'il est doué d'une nature qui le
porte vers le bien, fait le bien sans choix et
sans mérite, comme le soleil donne sa chaleur.
Que dis-je ! le soleil qui donne sa chaleur est
innocent : l'athée ne l'est pas. Car au fond de
toute raison humaine, un commencement de
foi en Dieu est toujours déposé. De ce commencement de foi, qu'un devoir premier, initial
et formel, ordonne de cultiver, l'athée se
détourne. Il fera le bien dont il a l'attrait, *par
attrait*, sans se soumettre à plus haut que lui.
Il se passera de Dieu. Il sera volontairement son
propre maître, c'est-à-dire son propre esclave.

Obéir au devoir, c'est obéir à Dieu. Celui qui

obéit à ce qu'il appelle son devoir, sans faire remonter son obéissance jusqu'à Dieu, n'obéit en réalité qu'à son attrait personnel.

Obéir à Dieu, c'est faire la volonté de Dieu. Il y a donc une rigoureuse identité entre le devoir et la volonté de Dieu. Tout ce qui n'est pas la volonté de Dieu n'est pas le devoir. Et le devoir étant un bien, le plus grand et le premier de tous, tout ce qui n'est pas la volonté de Dieu n'est pas le bien.

Faire son devoir, c'est donc faire le bien; faire le bien, c'est donc faire son devoir. Mais on ne fait son devoir et on ne fait le bien que quand on fait la volonté de Dieu.

Or, cette volonté, comment la connaître?

Les clartés naturelles de notre raison nous en donnent une idée générale; mais les clartés naturelles de la raison, faillibles, insuffisantes pour nous communiquer la connaissance approfondie de la nature de Dieu, ne peuvent suffire non plus à nous faire connaître dans le détail la volonté divine.

Celle-ci ne peut nous être communiquée que par une Révélation officielle.

Et donc, sans foi en une Révélation officielle, pas de devoirs explicites. Car on ne peut appeler devoirs d'arbitraires obligations que l'homme se créera à lui-même et imposera aux autres selon les fantaisies de son attrait particulier.

Chacun de nous sait par une révélation intime que le devoir existe. Mais aucun de nous ne peut être exclusivement juge de son devoir, ne peut prétendre agir, sans contrôle, d'après sa seule conscience. Sans doute, on ne doit pas agir *contre* sa conscience : mais ce serait précisément agir contre elle que d'avoir la prétention de ne relever que d'elle. L'homme est ici, plus que partout, un être enseigné. Le règne du libre examen en fait de bien et de mal, ce serait l'établissement sur la terre d'autant de lois morales qu'il existe d'individus. La société ne serait plus qu'un chaos, et personne ne pourrait plus s'y reconnaître.

Aucune conscience ne recevra jamais la connaissance exacte de son devoir que d'une source divine.

L'autorité divine, seule, — directe ou déléguée en ses représentants, — imprime au devoir un caractère d'obligation. Toute autorité qui ne remonte pas à cette source est sans force. Tout devoir qui ne s'y rattache pas est sans caractère obligatoire, et donc n'est pas le devoir.

Sans le support religieux, le sentiment du devoir ne peut pas plus se poser et se soutenir dans la conscience que l'homme lui-même ne pourrait se tenir debout et marcher sans le globe solide que Dieu a mis sous ses pieds. Nous voici donc amenés, par la pure logique des faits, à sortir du domaine naturel pour entrer dans le domaine surnaturel. Et seule, la volonté qui va suivre cette direction, franchir ce pont, consentir à cette élévation, pourra s'appeler la volonté du bien.

Ici se présente l'illusoire apparence d'un cercle vicieux : pour adhérer au surnaturel, il faut le vouloir ; et pour le vouloir, il faut y croire : comment y croire, si on ne le veut pas ? et comment le vouloir si on n'y croit pas ?

La difficulté serait inextricable si Dieu n'avait commencé à la résoudre pour nous.

De même que nous avons reçu la vie sans

nous l'être donnée, sans même l'avoir demandée, nous possédons tous, sans y être pour rien, un commencement de bon vouloir, un commencement de foi, d'adhésion au surnaturel, un don gratuit et premier appelé grâce, qui est en nous comme premier moteur, prêt à nous donner, si nous n'y résistons pas, l'impulsion initiale vers le bien, vers le devoir, vers la volonté de Dieu.

Cette impulsion, si elle est acceptée, sera suivie de grâces nouvelles, produisant de nouvelles impulsions, et cela indéfiniment, tant que nous ne mettrons pas notre volonté au cran d'arrêt, ou que nous ne ferons pas machine en arrière.

Sans cette aide première, sans cette mise en branle qui vient de Dieu, notre volonté ne pourrait jamais prendre son élan. Cette mise en branle est à notre volonté ce que la création même de notre être est à notre être lui-même.

Nous existons. Nous ne nous sommes pas faits nous-mêmes. Ainsi notre volonté se meut : mais elle ne s'est pas mise en mouvement toute seule; elle ne se meut que par le fait d'une impulsion donnée.

Cette impulsion, Dieu nous la donne, cela va sans dire, dans le sens du bien, dans le sens du devoir. Mais il nous laisse — et c'est notre privilège de créatures raisonnables — la faculté de l'enrayer. Tout comme, en nous donnant la vie, il nous laisse la faculté de nous l'ôter.

L'animal subit la vie jusqu'à ce que Dieu la lui retire. L'animal ignore le suicide. L'homme seul a la possibilité de se tuer volontairement.

De même, l'homme a la faculté d'enrayer en lui la vie de la grâce. Nous avons la liberté de nous défendre contre Dieu, de rejeter ses dons ; le don de la vie physique, le don de la vie surnaturelle.

Nous sommes libres de laisser vivre et d'alimenter notre corps, ou de le faire mourir, soit d'inanition, soit violemment, soit en l'empoisonnant petit à petit. Nous sommes libres, de même, de faire vivre ou de tuer notre âme.

Dieu nous aide à faire le bien. Il ne nous aide pas à faire le mal. Nous sommes libres, aidés dans le bien, de repousser cette aide pour faire le mal tout seuls, ou d'accepter cette aide pour faire le bien avec Dieu.

Quant à faire le bien tout seuls, cela nous est radicalement impossible.

Dieu est, — à l'insu même de celui qui se croit le seul auteur de ses actes, — présent et agissant dans toute parcelle de bien qui s'exécute sur la terre, comme son pouvoir créateur se retrouve et subsiste en tout être, jusqu'au plus infime, appelé par lui à l'existence.

Avoir la prétention de faire le bien tout seul équivaut à prétendre être né parce qu'on l'a voulu, et vivre de son seul gré et par son seul pouvoir.

———

# VIII

## La volonté appliquée à la connaissance

Mais connaître la vérité, connaître son devoir, connaître les possibilités dont on dispose pour le remplir, n'est-ce pas plutôt le rôle de la raison que celui de la volonté? Et celle-ci ne doit-elle pas attendre, pour entrer en scène, que la raison lui ait éclairé le terrain et préparé les voies ?

Sans doute, la volonté, pour agir d'une façon libre et consciente, a besoin d'être éclairée et renseignée par la raison. Mais la raison, pour donner ses lumières, a besoin d'être consultée par la volonté. La volonté qui cohabite dans une âme humaine avec la raison, connaît, d'une connaissance infuse, cette cohabitation ; elle sait d'avance que pour ne pas agir en aveugle elle doit demander à cette compagne de lui prêter ses clartés naturelles. Quand elle ne le fait pas, la raison, au lieu de promener son flambeau dans les replis de la conscience, en restreint le rayonnement à cette vérité première, à cette connaissance infuse dont la volonté décide de ne pas tenir compte : et dès lors tous les agissements du vouloir sont viciés dans leur cause ; tous les violements du devoir par ignorance ou par erreur sont des violements coupables, dont la volonté demeure parfaitement responsable.

Il y a des erreurs innocentes, des ignorances qui excusent et même absolvent : il y en a d'autres qui condamnent. Un vouloir sans malice, aboutissant à une erreur innocente, peut se trouver entaché par une faute inhérente au vouloir initial qui a déterminé l'erreur. Celui qui se soumet imprudemment à une expérience de suggestion, que rien ne nécessite, sera peut-être entraîné par là à commettre un crime qui lui eût fait horreur si on le lui avait proposé avant d'avoir détraqué sa mentalité par cette expérience : mais il savait bien qu'il courait ce risque en se livrant à ce détraquement. L'ivrogne qui embrasse un bec de gaz en croyant jeter les bras autour du cou de son meilleur ami n'a nullement la volonté d'embrasser un bec de gaz : mais il a bien eu la volonté de boire : et dès lors il est responsable de tout l'inconnu de fautes et de sottises que la perte de sa raison, laissée au fond de son verre, lui pourra faire exécuter. Le capitaine qui échoue sa frégate sur un récif alors qu'il croyait naviguer en eaux libres a pu être trompé par des cartes mal faites : mais peut-être y avait-il eu de sa part négligence volontaire dans le choix de ces cartes.

Les erreurs innocentes, les ignorances qui excusent et celles qui absolvent, sont des erreurs ou des ignorances qui se sont ignorées elles-mêmes, et qui n'ont pas eu pour cause initiale une première ignorance qui se serait connue, et qui aurait voulu demeurer ignorance.

Les erreurs coupables, les ignorances qui condamnent, sont celles qui ont eu pour point de départ, ou qui ont été elles-mêmes, de l'ignorance se connaissant, et voulant demeurer ignorance.

Je ne sais pas où est mon devoir... Mais je pourrais me renseigner, m'informer, arriver à savoir... Je trouve plus commode de ne rien éclaircir, d'en rester là, de continuer à ignorer : ignorance qui condamne.

Je vois clairement que tel acte serait pour moi le devoir, si j'avais les possibilités de l'accomplir... Mais je ne sais pas si j'ai ces possibilités. Je n'en ai pas fait l'expérience. Je trouve plus simple de ne pas essayer, de me persuader à moi-même que je n'ai pas ces possibilités. Peut-être qu'effectivement je ne les ai pas... mais peut-être aussi que je les ai... : ignorance qui condamne.

Celui dont on peut dire selon la formule moderne, un peu vulgaire, mais fort expressive, *qu'il ne veut rien savoir*, celui-là n'est ni excusé ni innocenté dans l'intention de son vouloir quand il se trompe, quand il omet le bien ou fait le mal sans avoir expressément cherché ce mal ou rejeté ce bien. L'excuse dont il se couvre alors est une mauvaise excuse, l'innocence dont il cherche à se targuer est une fausse innocence.

Ève allégua pour se défendre que le serpent l'avait trompée. Sans doute, elle ne savait pas que le serpent mentait : mais elle aurait pu et dû l'en soupçonner en constatant qu'il lui affirmait le contraire de ce que Dieu lui avait dit. Mais Ève voulait croire à ce que le serpent lui disait, parce qu'elle voulait faire ce qu'il lui suggérait de faire.

Si les Juifs avaient su que Jésus-Christ était le Fils de Dieu, ils ne l'auraient pas crucifié. Mais ils savaient que celui qu'ils crucifiaient leur prêchait une doctrine contrariant leurs penchants vicieux : et comme ils ne voulaient pas de cette doctrine, ils niaient avec joie la divinité de Celui qui la leur prêchait, pour pouvoir le crucifier tout à leur aise.

Tous ceux qui nient ou qui doutent ainsi, à seule fin de légitimer à leurs yeux le droit de faire ce qu'il leur plaît de faire ; tous ceux qui sont plongés dans les ténèbres d'une erreur ou d'une ignorance qu'ils préfèrent à la lumière, parce que la lumière éclairerait pour eux un devoir dont ils ne veulent pas, — ceux-là ne seront ni absous ni excusés par leur manque de savoir.

C'est pour eux que le Messie a dit : « J'ouvrirai ma bouche en paraboles, et je ne leur parlerai point sans paraboles, afin qu'en voyant ils ne voient point, et qu'en entendant ils n'entendent point. » C'est-à-dire : afin qu'ils ne soient pas assez confondus pour être forcés de se rendre, si dans leur for intérieur ils ne veulent point se rendre.

La mauvaise volonté est donc à la base des erreurs coupables, des erreurs de ceux qui se trompent de mauvaise foi, comme la bonne volonté est à la base des erreurs innocentes, des erreurs de ceux qui se trompent de bonne foi.

Se tromper de bonne foi, c'est, après avoir tout fait, en conscience, pour connaître son devoir et les possibilités qu'on a de l'accomplir, errer et se méprendre dans l'application, par suite d'une défaillance quelconque de la raison humaine.

La raison humaine, en effet, est faillible. Rien de plus facile que de s'en convaincre. Comment donc alors se fier à elle? Et pourquoi la volonté serait-elle tenue de la consulter avant d'agir?

La volonté est tenue de consulter la raison parce que, toute faillible qu'elle soit, celle-ci constitue quand même un guide dont la volonté ne saurait se passer sans devenir une volonté de brute. Notre raison, du reste, si elle nous trompe quelquefois, ne nous trompe pas toujours, ni en tout.

Si elle nous trompait en tout et toujours, nous ne pourrions plus rien faire de sensé ; la terre serait une maison de fous ; il n'y aurait plus pour personne ni assurance, ni sécurité d'aucune sorte, non plus dans l'ordre matériel que dans l'ordre moral.

Si notre raison ne nous trompait jamais, en rien ; si nous discernions toujours par nous-mêmes, et dans le détail, à la fulgurante lumière de l'évidence, le bien véritable, le devoir réel, la volonté précise de Dieu, nous n'aurions plus à nous diriger, à nous décider, à nous fixer : nous serions irrévocablement dirigés, décidés et fixés. Celui que l'évidence éclaire ne choisit plus : on peut dire en quelque sorte qu'il est choisi. Notre liberté existerait encore virtuellement, mais en fait elle n'aurait plus à donner ses preuves, elle n'aurait plus à se révéler par son balancement facultatif entre le bien et le mal : elle deviendrait une liberté honoraire, une liberté hors concours, une liberté montée en gloire. C'est ainsi qu'existe et qu'est glorifiée au Ciel la liberté des saints. Mais cette liberté-là, Dieu n'a voulu la donner aux anges et aux hommes qu'après la leur avoir fait gagner par l'épreuve.

Entre la servitude obscure, qui dirige fatalement la conduite de l'être privé de raison, et la rayonnante liberté de la gloire qui fixe pour jamais les élus dans le bien, il existe ici-bas, pour la créature raisonnable, une liberté éclairée par une intelligence fumeuse, sujette à éclipses, à vacillements, à intermittences, à faiblesses, et essentiellement bornée dans son champ d'investigation. Telle quelle, cette intelligence représente néanmoins pour la volonté un guide dont elle a d'autant moins le droit de faire fi, que ce guide commence par l'avertir du besoin où se trouve l'âme humaine de chercher en dehors de lui, plus haut que lui, une augmentation de lumière et une direction supérieure.

Cette augmentation de lumière, cette direction supérieure, l'âme humaine les trouve dans le domaine surnaturel, dans le domaine de la foi.

La volonté qui repousse a priori les clartés de la raison se ferme d'avance l'accès de ce domaine. La volonté qui n'accepte de la raison que ce que la raison tire naturellement de son fonds personnel se le ferme pareillement.

La première de ces deux volontés se bute *au fait de notre insuffisance intellectuelle.* La seconde sacrifie *au vice de la suffisance intellectuelle.*

Notre insuffisance intellectuelle est un fait, auquel il faut se soumettre, sans se l'exagérer. Or, c'est se l'exagérer que de voir dans la raison humaine un guide auquel nulle confiance ne doit être accordée, un guide totalement incapable de nous conduire jusqu'au seuil des initiations supérieures, d'en légitimer les origines et d'en creuser la teneur.

La suffisance intellectuelle est un vice, qui consiste à nier le fait de l'insuffisance intellectuelle et à s'exagérer, au contraire, le rôle et la valeur de la raison humaine. La suffisance intellectuelle commence — illogisme qui dénonce immédiatement la fausseté de la manœuvre — par rejeter l'avertissement premier que la raison nous donne lorsqu'elle nous fait sentir le besoin impérieux de recourir, pour trouver l'absolu et le définitif, à plus compétent, à plus élevé, à plus lumineux et à plus assuré qu'elle-même.

Ce premier avertissement de la raison est un effet de la grâce.

On ne peut pas plus nier l'influence de la grâce que celle de l'attrait. Nous sentons tous, dès que la recherche d'une vérité, l'exécution d'un acte juste se propose à nous, que quelque chose nous invite à cette recherche, à cette exécution, qu'une aide nous est donnée pour y parvenir. L'attrait penche la volonté, mais la grâce la pousse. L'attrait est une inclination inhérente à la nature de l'être. La grâce est une impulsion donnée d'ailleurs, et intimement liée à la clarté qui nous révèle notre devoir.

Pas plus que l'inclination de l'attrait, l'influence de la grâce n'est irrésistible. Comme un homme poussé par le vent peut marcher s'il le veut dans la direction contraire ; comme un rameur peut manœuvrer sa barque à l'opposé du courant qui cherche à l'entraîner, la volonté humaine peut agir au rebours du mouvement de la grâce. Il y a là une sorte d'effort en sens inverse de celui que nécessite la résistance à l'attrait. Ce dernier, toutefois, coûte davantage à la nature, à cause de la déchéance originelle de celle-ci. Il faut lutter contre soi pour faire la volonté de Dieu plus qu'il ne faut lutter contre Dieu pour suivre son propre penchant. Car Dieu abdique ici volontairement sa Toute-Puissance afin de nous laisser notre chance de succès personnel, notre lot de responsabilité et de mérite. Ce combat contre la grâce peut néanmoins être très violent, comme en témoigne ce mot de saint Paul : « Il est dur de regimber contre l'aiguillon. »

Nous l'avons vu déjà à propos de la notion divine du devoir : sans une première impulsion donnée de Dieu, notre volonté ne pourrait jamais prendre son élan. De même sans une première illumination intérieure, une première révélation intime, notre raison ne pourrait jamais s'orienter vers la lumière d'En-Haut, vers la Révélation officielle. Mais la grâce, à la fois irradiation et impulsion, la grâce est là, qui donne le point de départ. La volonté n'a plus qu'à suivre. La mauvaise volonté s'arrête, ferme les yeux, se détourne... La bonne volonté va vers la lumière, cherche la lumière, toute la lumière, la naturelle et la surnaturelle, l'humaine et la divine, afin de ne laisser dans l'ombre aucune parcelle de bien, aucune parcelle de devoir, aucune parcelle de la volonté de Dieu.

Pour trouver tout la lumière, la bonne volonté consultera donc la raison, et recevra d'elle, en même temps que l'aveu de sa propre insuffisance, l'attestation de l'existence d'un foyer supérieur, surnaturel, de vérité. Pour atteindre ce foyer, la bonne volonté utilisera, aidée de la grâce, toutes les lumières naturelles de la raison, en remontant, par la filiation la plus vraisemblablement authentique, du témoignage humain au message divin, de l'autorité de la créature à l'autorité du Créateur, de l'enseignement et des commandements de l'homme à l'enseignement et aux commandements de Dieu.

Et c'est donc bien la volonté qui, en suivant cette filiation, mettra l'être humain en possession de toute la connaissance dont il a besoin — et qui lui suffit — pour remplir tout son devoir.

# IX

## La volonté devant l'effort

Selon le préjugé courant, le vieux et tenace préjugé que cet essai cherche à combattre et à détruire, — les préjugés n'étant pas tous des raisons qui s'ignorent — l'effort serait le criterium, la pierre de touche de l'existence même de la volonté : l'individu qui exécute un acte difficile a de la volonté; celui qui s'y dérobe n'en a point. C'est très simple, et très commode d'ailleurs comme excuse.

En réalité, le refus tout aussi bien que l'acceptation de l'effort est le propre de la volonté. On n'exécute pas un acte difficile sans le vouloir. Mais on ne s'y dérobe pas non plus sans le vouloir. Prenons l'acte le moins compliqué, le plus banal qui se puisse proposer comme exemple : sortir de son lit, le matin, quand on aurait encore envie d'y rester. Faut-il dire que le fait de se lever courageusement comporte et dénote plus de volonté que le fait de demeurer à paresser entre ses draps? Point du tout! Car si celui qui se lève se lève parce qu'il veut se lever, celui qui paresse paresse tout de même parce qu'il veut paresser. Il le veut peut-être d'une volonté tiraillée, indécise, taquinée par le sentiment et la honte d'une certaine lâcheté : mais, tout compte fait, c'est cela qu'il veut plutôt que le contraire : car, s'il ne le voulait pas, il ne resterait pas au lit, il se lèverait. Il ne reste pas au lit sans le vouloir, à moins qu'il ne se soit rendormi, terrassé par le sommeil.

Si l'effort consenti était une preuve de l'existence de la volonté, l'effort refusé une preuve de son inexistence, comment expliquer que la même personne, dans des occasions différentes, ou même dans des occasions semblables renouvelées, tantôt accepte, et tantôt refuse l'effort, ainsi que cela se voit? Cette personne, donc, tantôt a de la volonté et tantôt n'en a point? Cette volonté qu'elle a tout d'un coup, où donc la prend-elle? Et cette volonté qu'elle n'a plus, qu'est-ce donc qu'elle en a fait?

Nous avons tous éprouvé un jour ou l'autre cette surprise de voir un être lymphatique et mou, un caractère indécis, faible et sans courage, prendre brusquement, dans telle circonstance donnée, une vigoureuse détermination dont nous ne l'aurions pas cru capable. Inversement, il nous est arrivé de constater avec étonnement de subites défaillances d'énergie chez des individus que nous estimions trempés pour l'effort courageux et viril. Si c'est la dose de volonté qui fait la différence entre ces deux espèces de caractères, comment donc, tout d'un coup, en face de l'effort, chacun des deux peut-il se conduire au rebours de ce qu'on était en droit de préjuger de lui?

La vérité est que l'acceptation de l'effort n'atteste pas plus l'existence de la volonté que le refus n'en atteste l'inexistence. La volonté se détermine à l'acceptation ou au refus de l'effort, à son choix, comme elle se détermine *ad libitum* en faveur ou à l'encontre de n'importe quel devoir ou de n'importe quel attrait. L'effort n'est le criterium, la pierre de touche, que de la qualité de la volonté : la bonne volonté consent à l'effort dû, la mauvaise volonté s'y refuse.

Effort et devoir ne sont d'ailleurs pas toujours accouplés, tant s'en faut : il y a quelquefois de très gros efforts à réaliser pour aboutir à la réussite d'une entreprise détestable, d'une machination criminelle. La résistance à la grâce est, dans son genre, un effort, dont nous avons déjà eu l'occasion de parler, au précédent chapitre.

Effort et attrait ne sont pas toujours, non plus, antagonistes. Tout effort ne comporte pas nécessairement une répugnance surmontée. L'effort physique — et dans l'effort physique il faut comprendre l'effort intellectuel — est très souvent une forme de plaisir. La lutte corporelle contre un adversaire ; la lutte contre les éléments, voire le péril ; la lutte contre la difficulté dans la découverte de la science, dans la recherche de l'art, loin de répugner à certains tempéraments, les tente et les attire ; il y a pour eux, dans le fait de lutter ainsi avec leurs muscles, leurs nerfs, leur cerveau, une dépense de vie qui est comme la santé de leur organisme. Pour d'autres, c'est exactement le contraire. Il est des efforts négatifs qui coûtent autant à certaines personnes qu'à d'autres les plus grands efforts positifs du même ordre : se taire est un supplice pour les bavards, parler en est un pour les timides ; rester tranquille crucifie les remuants par nature, bouger désespère les empaillés et les contemplatifs. (Faisons toutefois ici une différence : les empaillés détestent bouger, même pour l'action intéressante ou l'effort opportun ; les contemplatifs ne détestent que l'activité inférieure et l'agitation stérile.)

L'effort physique se résoud en effort moral, ou plus exactement en effort psychique, lorsqu'il comporte une violence faite à la nature, ou une résistance à la grâce. La résistance à la grâce, et la violence faite à la nature en vue du mal, constituent un effort psychique immoral, et par conséquent coupable. La résistance à la nature en vue du bien constitue un effort psychique moral, et par conséquent méritoire. Cet effort est le fruit de la bonne volonté, c'est-à-dire de la volonté se dirigeant dans le sens du bien. L'effort immoral est le fruit de la mauvaise volonté, c'est-à-dire de la volonté se dirigeant dans le sens du mal.

La volonté se rendant bonne devant l'effort, et se dirigeant vers le devoir difficile au lieu de s'en détourner, c'est proprement ce qu'on nomme la force morale. Il ne s'agit pas ici de quantité, mais bien de qualité. La quantité de volonté dont nous disposons tous est illimitée, à l'image de celle de Dieu. Non pas infinie sans doute, mais immesurable et inépuisable. Lorsque nous parlions, chapitre VI, des directions diverses du vouloir, nous avons vu qu'une partie de notre volonté appliquée à un but donné ne nous fait défaut pour atteindre un autre but que si les deux buts sont opposés entre eux, divergents, inconciliables. Toutes les choses susceptibles d'être voulues à la fois, sans se faire tort mutuellement, peuvent être voulues par la même volonté, ce qui prouve manifestement son pouvoir indéfini d'expansion et d'amplitude.

La force morale n'est donc pas autre chose que la volonté s'orientant vers le bien ardu, consentant à l'effort pénible et coûteux quand cet effort représente le devoir.

Et cette orientation, la volonté libre peut toujours l'adopter ; cet effort coûteux et pénible, la volonté peut toujours y consentir : car le « don de force », c'est-à-dire l'accroissement de grâce, l'augmentation d'impulsion dont elle a besoin pour avancer dans le sens voulu par Dieu, ne lui est jamais refusé.

Que de fois, cependant, n'entend-on pas retentir cette phrase, toujours la même, refrain commun à tous les découragés, à tous les impuissants, à tous les faibles, et aussi à tous les lâches : « Je voudrais bien, mais je ne peux pas ! »

Qu'est-ce à dire, je ne peux pas ? Si cela signifie : « Ce qu'on me demande m'est trop désagréable », il ressort de votre « Je ne peux pas » que vous préférez votre agrément à votre devoir, et voilà tout. Si la déclaration est loyale et doit être prise au pied de la lettre, c'est qu'il y a impossibilité matérielle, impuissance physique, dans l'exécution de l'effort requis : il est clair alors que cet effort ne représente pas le devoir, car le devoir n'ordonne jamais l'impossible. Mais le devoir peut ordonner la mise en jeu des plus extrêmes possibilités. Le devoir facile est celui qui demande quelques-unes des possibilités dont on dispose ; le devoir difficile est celui qui en demande un grand nombre ; le devoir héroïque est celui qui les exige toutes.

La limite suprême des possibilités, c'est la mort. On dit couramment : « Un tel peut bien faire cela, il n'en mourra pas. » On a vu des êtres faire tout ce qu'ils pouvaient jusqu'à en mourir. D'autres se refuser à un effort entraînant pour eux la perte de leur vie ou de leur santé. Ceux qui disent : « Je voudrais bien, mais je ne peux pas », sous-entendent parfois : « … Je ne peux pas, sans me tuer ou me rendre malade ; et cela, je ne le veux pas. »

Et dans certains cas, ils ont parfaitement raison de ne pas le vouloir. S'il y a des occasions où préserver ainsi sa peau accuse une ignoble couardise, il y en a d'autres où raisonner de cette façon est tout simplement faire preuve de bon sens. Pour qu'un devoir comporte l'effort le plus grand que puisse fournir un être, il faut que le résultat de cet effort en vaille la peine. Ceux qui se refusent à courir un danger tout à fait inutile, à tenir un pari stupide, à user leurs réserves vitales, leurs nerfs et leur cerveau dans l'exercice d'une carrière pour laquelle ils ne sont pas taillés, ceux-là font très bien de se dérober à des efforts hors de proportion avec leurs résultats. « Ça ne vaut pas la peine » est une excellente raison à donner dans des cas pareils.

Un enfant quelque peu maladif, ou mal doué pour les études qu'on s'acharne à lui faire poursuivre, obéit à un instinct qui l'inspire au mieux de son bien réel, et par conséquent de son devoir, lorsqu'il oppose une résistance passive mais irréductible aux exigences de ses maîtres. S'il répond invariablement aux exhortations qu'on lui adresse pour qu'il essaie d'obtenir de meilleures notes en classe : « Je voudrais bien, mais je ne peux pas », ce n'est pas du tout mauvaise foi ni mauvaise volonté de sa part, même s'il peut, en s'y efforçant, fournir le travail qu'on lui demande ; mais il sent très bien que cet effort l'épuisera, le mettra à bout... et il se rend confusément compte que « ça ne vaut pas la peine »; que sa croissance, son développement, l'acquisition d'une santé normale, sont mille fois préférables à la gloriole d'une place de premier.

Être médecin à contre-cœur, en faisant violence à une vocation d'un tout autre ordre, en surmontant des répugnances dont on sent qu'on ne se débarrassera jamais, « ça ne vaut pas la peine » : car c'est doter la société d'un piètre médecin, et la priver des services peut-être précieux qu'on lui aurait rendus dans une profession différente. Être médecin avec la vocation, et sacrifier ses membres ou sa vie dans de terribles expériences de laboratoire, pour le bien de l'humanité, « ça vaut la peine ! »

Pour qu'un effort pénible et coûteux représente le devoir, il faut que le résultat de cet effort soit non seulement un bien, mais un bien surpassant en valeur celui qu'il coûtera, celui dont on fera le sacrifice. A égalité de bien procuré et sacrifié, l'effort, si pénible soit-il, est toujours dû quand il s'agit d'un bien général mis en regard d'un bien particulier. Donner sa propre fortune est un devoir quand il s'agit de sauver la fortune de sa famille ou de son pays. Donner sa vie en est un quand il s'agit de préserver ses compatriotes de la mort ou de l'esclavage. Il y a des cas où la volonté n'a le choix qu'entre le crime et l'héroïsme.

Mais en revanche, lorsque les circonstances d'une destinée la font s'écouler toute parmi des sentiers fleuris de roses; lorsque les penchants instinctifs d'un être l'inclinent tout naturellement vers ce qui se trouve coïncider avec son devoir; lorsque ses goûts, son attrait, l'entraînent précisément dans le sens même où la grâce le sollicite, il semble qu'il n'y ait plus ici place pour aucun effort, ni petit ni grand.

Prenons garde que ceci n'est qu'une apparence. Car s'il en était réellement ainsi, non seulement le bonheur serait incompatible avec la haute vertu; mais il faudrait encore conclure que les plus belles et les plus riches natures sont les moins méritantes; que ceux qui se dépensent et se dévouent avec le plus de joie et d'enthousiasme ont droit à beaucoup moins de reconnaissance que ceux qui se sacrifient en rechignant... et ainsi de suite. Conclusion qui révolte à la fois le bon sens et la justice. Tout le monde sait, tout le monde reconnaît que donner et se donner de bon cœur double la valeur du don.

Discernons, sous la brutale carapace des faits, le délicat mécanisme du vouloir intime et caché.

Assurément, accomplir un devoir qui ne coûte rien à la nature, qui au contraire lui agrée, ce n'est pas fournir un effort tangible; ce n'est même pas, semble-t-il, produire un acte libre, puisque c'est laisser tout bonnement sa volonté au service de son attrait. Mais l'être pensant qui accomplit ce devoir sans *effort actuel* peut exécuter, ce faisant, un *effort virtuel*. Il peut se libérer de la servitude de l'attrait s'il est animé de l'intention (que nous signalions déjà chapitre VI) de remplir son devoir même si celui-ci se trouvait ou devenait difficile, contrariant, crucifiant... Dépourvue de cette intention, latente ou explicite, la volonté, tout en se portant vers ce qui se trouve coïncider avec son devoir, ne peut mériter le nom de bonne volonté. Animée de cette intention, elle peut atteindre au mérite du martyre, au milieu d'une destinée capitonnée de soie et de velours (1).

L'effort virtuel peut également suppléer à l'effort actuel quand ce dernier est rendu impossible par les circonstances ; comme le baptême de désir peut suppléer au baptême administré sacramentellement. Le pauvre qui est empêché par sa pauvreté de faire l'aumône établit dans son cœur la volonté et le mérite de la charité en pensant : « Si j'avais de quoi donner, je donnerais. » L'infirme, dispensé de partir en temps de guerre, ne laisse pas pour cela d'être un brave lorsqu'il se dit : « Si j'avais la force et la santé, je les mettrais de toute mon âme au service de mon pays. »

(1) Il n'est pas bon, toutefois, il est même dangereux, de se représenter en temps ordinaire, dans le détail, les circonstances rébarbatives d'une épreuve qui ne se propose pas en fait : l'imagination, qui parfois exalte et entraîne la volonté, peut aussi l'effrayer et la mettre en fuite. La grâce actuelle, d'ailleurs, n'est donnée qu'au moment voulu. Il suffit que la volonté, sachant qu'elle peut compter sur cette grâce, soit disposée à n'y pas résister.

Les impossibilités matérielles ou les impuissances physiques ne sont que des accidents, auxquels peut toujours parer, pour sauvegarder notre responsabilité et assurer notre mérite, le désaveu de notre vouloir. Par contre, les conditions favorables dans lesquelles nous nous trouvons, nos bons instincts naturels, nos atavismes heureux, les bonnes habitudes qui nous ont été inculquées par une éducation bienfaisante, ne sont qu'un cadeau du ciel : rien de tout cela n'influe sur la valeur secrète de notre vouloir, tant que nous n'y aurons pas acquiescé par un acte libre.

Les bonnes habitudes acquises ainsi que les bons attraits innés ont besoin, pour nous servir moralement à quelque chose, d'être rechoisis et revoulus librement par notre volonté raisonnable et consciente (1). Ils constituent alors le plus bel état de perfection auquel puisse atteindre un être humain : perfection de la nature et perfection de la grâce, adoptées avec le même amour par la volonté.

(1) Voir dans l'*Hérédo*, de Léon Daudet, la donnée et les intéressants développements de ce principe.

D'un homme qui, toute sa vie, exécute machinalement des actes dont son jugement n'a jamais ratifié le choix, on dit, bien à tort, qu'il a des habitudes. Ce n'est pas vrai : ce sont ses habitudes qui l'ont. Cet homme ne possède pas ses habitudes : il est possédé par elles.

Que de gens sont aussi possédés pas leur fortune, par leur situation, au lieu de les posséder vraiment, c'est-à-dire d'en faire un libre usage, réfléchi et personnel!

On est possédé par ses bonnes qualités naturelles beaucoup plus qu'on ne les possède lorsqu'on se borne, dans sa conduite, à suivre leur pente, sans se donner la peine d'apporter aux actes qu'elles inclinent à produire une intention raisonnée, délibérée, et volontairement directrice.

Les petits enfants, les hommes simples et primitifs, emploient pour s'exprimer et pour parler d'eux-mêmes ce qu'on est convenu d'appeler le langage nègre. Ils disent : « Moi aime ceci, moi veux cela. » L'homme conscient et éclairé dit : « J'aime », et « je veux ».

Le *Moi*, c'est l'être instinctif, ignorant et esclave. Le *Je*, c'est l'être réfléchi, instruit et détaché. Le *Moi*, c'est la résultante involontaire des atavismes et des habitudes. Le *Je*, c'est la personnalité raisonnable et libre.

Le *Je* ne chasse pas le *Moi*. Il le surveille, le contrôle et l'utilise. Le *Je* devient le chef du *Moi*. C'est pourquoi l'homme dit : *Je me* décide. Mais malgré la formule verbale employée, il arrive fréquemment que le *Moi* décide et mène le *Je*, celui-ci ayant abandonné le pouvoir, et fait abdiquer l'intelligence au profit de l'instinct, la liberté au profit de la passion.

La volonté mauvaise est celle qui souscrit à cette abdication, ou qui établit et maintient la hiérarchie du *Je* sur le *Moi* en faveur du mal. La volonté bonne est celle qui établit et maintient la hiérarchie du *Je* sur le *Moi* en faveur du bien.

Le *Moi* doit toujours être et peut toujours être gouverné par le *Je*, au moins virtuellement. En fait, le *Je* ne peut pas toujours réduire, mater, vaincre le *Moi*. Le moral ne peut pas toujours, pratiquement, dompter le physique.

Mais il le peut plus souvent qu'on ne croit. Le pouvoir moral arrive à restreindre considérablement le champ même des réflexes, des spasmes, des impulsions violentes, des distractions, — ces réflexes de l'esprit — de toutes les méprises et inadvertances du mouvement, des sens et de la pensée, bref, de tous les actes dits involontaires, qui se passent en quelque sorte dans le dos de la volonté. Une volonté avertie, perspicace, sait se retourner à temps ; une volonté poussée très loin pénètre de part en part l'outil corporel dont elle dispose... et dans bien des cas il lui est loisible d'en obtenir un rendement très supérieur à celui dont elle se contente en général.

X

## Action de la volonté
## sur la santé, l'intelligence,
## et leur transmission héréditaire

« Les mauvais ouvriers, dit le proverbe, ont toujours de mauvais outils. » Cela signifie-t-il qu'une perpétuelle malchance s'acharne après les incapables, les paresseux, les maladroits? Si l'on veut appeler malchance leur constant insuccès, tout le monde conviendra que cette malechance est généralement leur œuvre : et qu'il faut attribuer à la gaucherie, à la mollesse ou à la brutalité avec lesquelles ils manient les instruments de leur travail le piètre résultat qu'ils en tirent. Car le plus excellent outil, mis entre les mains d'un de ces mauvais ouvriers, non seulement ne lui servira pas à faire une meilleure besogne, mais sera bientôt détérioré

par lui au point de ne plus pouvoir être employé
à rien de valable.

La caractéristique du bon ouvrier, au contraire, c'est qu'il est capable de produire un
ouvrage excellent même avec un outil médiocre; et c'est surtout que, l'outil dont il se sert,
au lieu de le gâter en l'employant, il le conserve intact, et même l'améliore.

Un bon ouvrier aime et respecte sa machine,
l'entretient en bon état, la nettoie, la ménage,
la préserve à la fois de la rouille et de l'usure;
à force d'ingéniosité et d'application, souvent,
la perfectionne, et au besoin l'invente.

On prétend que, dans la nature, la fonction
crée l'organe. Ceci n'est pas plus à prendre au
pied de la lettre que l'énergique axiome : « Vouloir c'est pouvoir. » La fonction ne crée pas
véritablement l'organe : car, d'une part, une
fonction qui n'existe pas ne peut rien produire,
et la fonction n'existe que quand l'organe est
produit, au moins dans son embryon; d'autre
part, créer au sens littéral du mot n'appartient
qu'à Dieu, et nul organe à son origine ne peut
être créé que par lui. Mais le désir de remplir

8

la fonction fait découvrir et utiliser tout ce qui peut lui servir d'organe. C'est dans ce sens que le savant invente. Aucun ingénieur ne crée, c'est-à-dire ne tire du néant les moindres matériaux, les moindres éléments de son œuvre : mais il les trouve, les rassemble, les expurge, les combine, les adapte, et les emploie à la réalisation de son désir, de son idée : c'est cela qu'on appelle son invention, sa création.

L'ouvrier, l'ingénieur, ici, c'est notre volonté. Les outils, les matériaux mis à sa disposition, ce sont tous nos organes physiques : organes de l'action, de la sensation, de la pensée. Sans doute, ces organes sont par eux-mêmes plus ou moins bons, plus ou moins défectueux, plus ou moins perfectionnés chez tels hommes que chez tels autres : l'un naît boiteux, l'autre bossu, le troisième magnifiquement constitué... à ces réelles et fondamentales différences la volonté ne peut rien. Mais que de différences secondaires, ultérieures, amplifiées ou réduites la volonté ne peut-elle pas établir ! De combien ne peut-elle pas accroître ou amoindrir la valeur des facultés innées, selon la façon dont elle traite les organes qui servent à leur fonctionnement !

Tous les hommes sont d'accord pour reconnaître que se bien porter est ici-bas un avantage de premier ordre. Et si chacun, en naissant, pouvait réclamer et obtenir un brevet de parfaite santé pour tout le cours de son existence, quel est celui de nous qui dédaignerait de s'en munir ?

L'homme qui vient au monde ne peut tout d'abord que subir les conditions physiques, heureuses ou malheureuses, dans lesquelles il se trouve appelé à la vie : mais dès que sa raison, en s'éveillant, rend lucide sa volonté, celle-ci devient à son choix complice ou réformatrice de ces conditions. Notre santé, cette santé que nous considérons à juste titre comme le premier des biens terrestres ; cette santé que nous faisons si fréquemment examiner, surveiller ; pour laquelle nous sommes toujours prêts à abandonner notre fortune, cette santé, pour une large part, est entre les mains de notre volonté.

Est-ce que les plus répandues de nos maladies ne viennent pas de nos excès ? Est-ce que l'atrophie de nos muscles ne vient pas de notre paresse ? Est-ce que l'épuisement de notre système nerveux ne vient pas de notre surmenage? Est-ce que la mauvaise hygiène, le défaut ou l'abus de nourriture, d'exercice, de repos, n'engendrent pas mille tares physiques, mille infériorités, mille infirmités ? Et ces excès, ces abus, ce défaut, cette paresse ou ce surmenage, n'est-ce pas nous qui les avons voulus, puisque nous nous y sommes abandonnés? Même, les maladies occasionnelles qui fondent sur nous : fièvres, congestions, attaques, paralysies, etc..., sans parler des accidents : écrasements, noyades, empoisonnements, etc..., ne sont-ce pas en général choses dues à nos imprudences? Et nos imprudences ne sont-elles pas le résultat d'un vouloir mal orienté ?

Que les hommes ne disent donc pas qu'ils estiment la santé le meilleur des biens : car ils ne sont pas sincères. Ils lui préfèrent trop de choses ! Ils lui préfèrent une cigarette, une promenade, une gageure, une mode, un petit verre... ils lui préfèrent le farniente ; ils lui préfèrent la débauche et le plaisir ; ils lui préfèrent les honneurs et l'argent ; ils lui préfèrent tout ! Et si, au contraire, ils la préféraient à tout, ils le lui prouveraient dès qu'ils auraient à choisir entre ce qui la fortifie et ce qui la compromet. Mais ils ne se contentent pas de la trahir presque à chaque fois que ce choix se présente : cette santé trahie, ils l'accusent, et c'est à elle qu'ils s'en prennent lorsqu'ils ne peuvent plus obtenir de leurs organes les services qu'ils en réclament, et lorsque certaines de leurs tâches leur deviennent, de ce fait, impossibles à remplir.

Oui ou non, la volonté est-elle responsable de ces déchéances ?

Il est des cas, bien entendu, où la volonté ne fait pas ce qu'elle veut, c'est-à-dire où des obstacles extérieurs l'empêchent de réaliser en acte ce qu'elle adopte virtuellement : on ne demanderait pas mieux que de se soigner, se ménager, ou s'entraîner à certains exercices salutaires : et la nécessité du gagne-pain, des charges de famille, des obligations sociales, s'oppose aux exercices comme aux soins et aux ménagements opportuns. Il est aussi des devoirs supérieurs qui exigent précisément le sacrifice de cette santé dont le bon entretien, la conservation légitime, est un devoir naturel et courant. Ces cas particuliers ne prouvent rien contre le principe ici établi : à savoir qu'une certaine bonne volonté est à la base de la plupart des santés en bon état, comme une certaine mauvaise volonté est à la base de la plupart des santés détruites.

Un autre grand bien de la personne humaine, devant lequel s'accumulent les hommages admiratifs, et que chacun souhaiterait certainement posséder au plus haut degré, c'est l'intelligence.

L'intelligence, comme la santé, fait partie du bagage imposé à l'être humain par les conditions de sa naissance. La finesse, la profondeur, l'étendue de l'intelligence dépendent en premier lieu de l'état plus ou moins sain, normal et perfectionné du système cérébral. Mais là encore la volonté, lorsqu'elle entre en jeu, s'exerce en maîtresse sur un champ beaucoup plus vaste qu'on n'est disposé à le croire. On sait, à moins d'être dénué de toute clarté raisonnable, à moins d'être inconscient à la façon d'un idiot ou d'un fou, que l'intelligence peut se cultiver, tout comme elle peut être laissée en friche ; on admet les fruits de l'étude, du travail intellectuel : mais on ne soupçonne pas assez l'influence de la volonté sur l'amélioration ou l'altération de l'outil lui-même, de l'organe physique de l'intelligence.

On reconnaîtra cependant, si l'on veut simplement y réfléchir et prendre la peine de le constater, que certains genres de vie, choisis et voulu délibérément par ceux qui les adoptent, abêtissent et abrutissent. Tout ce qui alourdit le corps, tout ce qui épaissit le sang, appesantit, enfume et embrume le cerveau. Tout ce qui anémie le corps, tout ce qui dilue le sang, étiole et vide le cerveau. Nous avons à vivre d'une vie à la fois animale et spirituelle : toutes les fois que nous donnons trop à celle-là, nous affaiblissons celle-ci ; toutes les fois que nous engraissons exagérément la matière, nous diminuons la netteté de notre jugement, la puissance de notre intellect ; et toutes les fois que nous refusons au corps ce qui lui est nécessaire pour servir de substratum à la faculté de penser, nous nous appauvrissons mentalement.

Il est des vocations exceptionnelles, des vocations d'ascète, qui comportent une réduction extrême, sinon contre-nature, du moins hors-nature, des exigences de la vie animale : chez les êtres ainsi appelés à un genre de vie extraordinaire et en quelque sorte supra-terrestre, on voit le sens intellectuel, le sens moral, le sens spirituel se développer avec une intensité et une acuité d'autant plus grandes que le corps est plus négligé, plus privé, plus mal nourri, plus rudement traité. Ces états sont le fait d'une intervention quasi miraculeuse de la grâce. La Providence les crée et les distribue à son gré, et ce serait une grande présomption que de vouloir en faire ordinairement sa règle de conduite. La règle de la sagesse ordinaire est celle-ci : pour entretenir la vie normale de la pensée, il faut entretenir normalement la vie physique par une alimentation à la fois large et sobre, par un exercice mesuré à la force des organes, par un repos en rapport avec la fatigue contractée, par tous les soins d'hygiène propres à rafraîchir, à renouveler, à rajeunir le corps tout entier. L'oubli de ces préoccupations amène tôt ou tard un déraillement des facultés cérébrales. Leur exagération conduit d'autre part à des phobies, à des rétrécissements de vue, à des enlisements dans la matière, qui entraînent un amoindrissement considérable de notre valeur intellectuelle.

Là encore, notre volonté n'est-elle pas responsable de la plupart des déchéances qui se produisent ?

Vous qui vous plaignez de manquer de mémoire, de ne pouvoir suivre un raisonnement, d'être traqué par des idées fixes, poursuivi par des chimères, hanté d'inquiétudes, énervé de soucis puérils, accablé par les plus petites responsabilités ; vous qui vous sentez enfin les victimes d'une mentalité misérable, influant désastreusement sur votre conduite, n'avez-vous pas fait tout le contraire de ce qu'il aurait fallu pour prévenir cet état de choses ou y remédier ? Vos cellules nerveuses demandaient peut-être le lessivage d'un sommeil réparateur : vous les avez encrassées par des veilles, nuits de jeu, ou soirées de labeur à outrance... Vous avez peut-être accueilli, pendant des années, par des lectures, des conversations, des spectacles, tout un peuple d'images frivoles, nocives ou désolantes, qui se sont installées dans votre substance cérébrale; pour les en déloger, il n'est qu'un moyen : en mettre d'autres à leur place. Le faites-vous ? Lisez-vous d'autres livres, entretenez-vous d'autres conversations, assistez-vous à d'autres spectacles ?... Peut-être encore avez-vous laissé se rouiller, se pétrifier votre système cérébral dans un désœuvrement plus ou moins déguisé; sciemment ou inconsciemment, vous vous êtes — pardonnez-moi le mot — embêté ; or, analysez un peu, s'il vous plaît, le sens de cette expression : s'embêter, c'est s'enfoncer dans la bêtise... de s'embêter à s'abêtir, il n'y a qu'un cheveu de différence; et le cheveu, c'est tout simplement le degré de stupidité auquel on descend. Pour sortir de cet état, vous n'avez qu'un parti à prendre; unique, mais infaillible : vous occuper, coûte que coûte, à un travail utile, n'importe lequel, pourvu qu'il rende service à quelqu'un. La vie occupée, accompagnée du sentiment que ce que l'on fait sert à quelque chose, c'est le salut de tous les désemparés. Y recourez-vous ?

Ne me dites pas, pour vous dispenser d'appliquer votre vouloir au rétablissement de votre santé ou au relèvement de votre mentalité : « Il y a trop longtemps que je vis de telle ou telle manière, ce n'est pas à mon âge qu'on change ses habitudes. » Pourquoi? Une habitude de dix ans, de vingt ans, de cinquante ans, que l'on a contractée soi-même, est-elle donc plus difficile à vaincre qu'une habitude plusieurs fois séculaire déposée par l'atavisine dans la nature d'un enfant? Cependant, cet enfant, tout chargé d'hérédités malsaines, vous attendez de lui qu'il s'amende, qu'il se réforme; et cet effort que vous exigez parfois rigoureusement, impitoyablement, d'un être en qui la raison commence à peine à se faire jour, vous, homme mûr, averti, instruit par l'expérience, vous invoqueriez précisément votre maturité pour vous y soustraire ! C'est à la fois inique et absurde.

Ne me dites pas non plus : « J'ai beau faire,

je n'arrive à rien. » On arrive toujours à quelque chose. Pas à tout. Mais à quelque chose. Je ne prétends pas que la volonté ait tout pouvoir sur l'organisme. Mais je prétends et j'affirme, en m'appuyant sur des exemples faciles à relever, — et la main sur la conscience, vous êtes obligé d'avouer et d'affirmer avec moi, — que la volonté ne va presque jamais jusqu'au bout du pouvoir qu'elle a : elle reste en chemin, ou revient sur ses pas... dès lors, elle est la cause, la vraie cause, d'un grand nombre des désordres de cet organisme à elle confié. La volonté ne remplit pas son métier de chef, ou elle le remplit mal. Et lorsque les effectifs qu'elle commande sont faussés, diminués, hors d'usage, les trois quarts du temps, c'est à elle qu'ils doivent cette détérioration et cette ruine.

Ce n'est donc pas, tout au rebours de ce que l'on s'imagine trop complaisamment, la bonne santé qui est source et productrice de bonne volonté : c'est la bonne volonté qui, dans une large mesure, est source et productrice de bonne santé. Et c'est aussi la volonté qui, dans une large mesure également, est cause que l'esprit demeure ou devient plus ou moins ouvert, plus ou moins fermé, par l'épanouissement ou l'atrophie de son organe, à la vie intellectuelle.

Et cette grande responsabilité, qui incombe ainsi au vouloir de chaque être pensant, il ne la détient pas seulement pour lui, mais encore pour les autres êtres qui reçoivent ou recevront de lui l'existence.

La perfection relative dans laquelle nous entretenons ou à laquelle nous faisons parvenir nos organes, nous la transmettons à nos descendants, jusqu'aux plus lointaines générations; comme nous leur transmettons les tares, les maladies, les débilités contractées par nos agissements ou nos inerties.

La santé et l'intelligence de la race proviennent en grande partie de la volonté des hommes.

Dieu seul est l'auteur perpétuel de la vie, Dieu seul est le créateur incessant des âmes. Mais les organes de vie, mais les corps auxquels s'adaptent les âmes sortant des mains de Dieu, c'est nous, depuis le premier couple, qui les faisons, et qui les faisons de nous, selon ce que nous sommes nous-mêmes. Encore une fois, nous ne créons pas les éléments de ces corps : mais nous disposons, nous modifions, en bien ou en mal, les éléments du nôtre : et c'est en quoi nous faisons ce qu'ils seront les corps qui descendront de nous.

Quelle répercussion immense a donc notre bon ou notre mauvais vouloir ! Quel canon à longue portée est donc en nous cette faculté de choisir, que nous manœuvrons le plus souvent avec une folle insouciance ! Dès notre propre jeunesse, notre propre enfance, nous commençons à façonner, en nous façonnant nous-mêmes, le tempérament futur de nos enfants, de nos arrière-petits-enfants. Qui est-ce qui y prend garde ? Qui est-ce qui se dit : « Par mes sottises, par mes dérèglements, par mes lâchetés, par les mauvaises habitudes que je contracte, je prépare aux êtres qui naîtront de moi une vie sotte, lâche, déréglée, des tics et des manies, des tentations effroyables, des oppositions terribles à la pratique du bien, à la conquête du bonheur ! »

Et qui donc se préoccupe, en fondant une famille, des conséquences du choix de son inclination sur sa descendance? Une jeune fille pure et sensée, résolue à former selon le plus bel idéal de loyauté et de droiture les fils qui lui seront donnés, épousera un libertin ou un homme à jugement faux : et s'étonnera, une fois mère, de rencontrer d'étranges résistances dans la tâche éducatrice qu'elle s'efforcera de remplir. Un homme intelligent prendra pour compagne une jolie poupée ou une brave petite bécasse : et sera tout surpris et tout vexé un jour de constater la niaiserie et la nullité de ses héritiers.

Chaque nouveau venu ici-bas possède, je le sais bien, pour se tirer d'affaire, sa volonté personnelle qui échappe, grâce à Dieu, à tout atavisme. Mais quelles facilités ne lui prépareraient pas des parents qui, s'étant soumis eux-mêmes de bonne heure et continuant à se conformer sans cesse aux règles d'une vie saine et droite, transmettraient à cet enfant né de leur chair un sang pur, des membres vigoureux, des nerfs à la fois délicats et solides, un tempérament harmonieusement équilibré, prêt à obéir sans grincements aux ordres de l'âme qui sera appelée à le gouverner!

# XI

## L'amour, et la volonté du moment

Ainsi donc, la volonté est, en nous, ce qui accepte ou néglige de consulter la raison; ce qui cherche ou fuit la lumière; ce qui consent à l'effort ou ce qui s'en détourne; ce qui consolide et perfectionne ou au contraire ce qui affaiblit et détériore les dons physiques et les dons intellectuels; ce qui enfin assure ou compromet la valeur de la race.

Consulter la raison, chercher la lumière, consentir à l'effort en vue du bien, respecter et cultiver les dons naturels de l'être qu'on a reçu et qu'on est destiné à transmettre, c'est faire son devoir, c'est faire la volonté de Dieu, c'est, pour tout dire d'un mot, faire le bien. Faire le contraire, c'est faire le mal.

Or, faire le bien, c'est aimer le bien. Faire

le mal, c'est aimer le mal. La bonne volonté est donc l'amour du bien, et la mauvaise volonté l'amour du mal. Et comme le bien, c'est l'être, et le mal, le manque de bien, le défaut d'être ; comme le bien c'est ce qui est, et le mal, ce qui fait défaut, ce qui manque à l'être, — on peut dire que l'amour du bien seul existe en tant qu'amour, et que l'amour du mal, ce n'est pas l'amour, c'est la haine : haine du bien, haine du devoir, haine de Dieu.

La volonté, tout compte fait, vient donc du cœur. Vouloir, c'est, finalement, aimer ou haïr. Si le cœur est bon, la volonté est bonne et la conduite aussi. Si le cœur est mauvais, la volonté est mauvaise et la conduite aussi. Et tout changement dans la conduite implique un changement dans la volonté et dans le cœur, et réciproquement.

Quand on nomme le cœur comme siège de l'amour et de la volonté, on ne s'exprime pas du tout, hâtons-nous de le dire, du point de vue physiologique, mais du point de vue métaphorique. L'expression : « avoir du cœur », a un sens, chacun le sait, exclusivement moral. Physiologiquement, le cœur n'est l'organe ni de la volonté ni de l'amour. On peut être affligé d'une maladie de cœur et posséder les sentiments les plus nobles, les plus délicats, la tendresse la plus exquise, la volonté la plus droite et la plus excellente. En revanche, une détestable sécheresse d'âme, une volonté égoïste, rétive et rebelle au bien, peut s'allier avec le plus parfait fonctionnement du cœur physique.

Le cœur est le symbole de l'amour, parce que c'est à l'amour que toute notre vie morale se rapporte, comme c'est au cœur que viennent se ramifier toutes les puissances de notre vie physique.

Il faut observer ici qu'amour n'est pas synonyme d'attrait. Et c'est pourquoi la volonté libre s'identifie à l'amour, et la volonté captive à l'attrait. L'attrait n'est pas l'amour, quoique bien des gens prennent l'un pour l'autre. L'attrait vient des sens, l'amour vient de l'âme. Les sens et l'âme peuvent se trouver d'accord pour tendre vers le même objet : et dans toutes les opérations humaines où le corps a sa part, il est à souhaiter que cette entente se produise. Mais l'amour immatériel, l'amour au sens supérieur du mot, est un sentiment qui dépasse et surpasse l'attrait. L'attrait est aveugle. L'amour ne l'est pas. L'amour comporte une appréciation de l'objet de l'amour aux lumières réunies de la raison et de la grâce.

Lorsque Alceste nous dit, avec une mélancolie qui prouve à quel point sa volonté du bien défaille dans son obstination à rester épris de Célimène :

« Mais la raison n'est pas ce qui règle l'amour »,

il nous montre clairement que ce qui l'enchaîne à la coquette, en réalité ce n'est pas l'amour, mais l'attrait. Cet attrait est le tyran d'Alceste, son point faible, son talon d'Achille. S'il aimait Célimène d'amour, eh ! bien... il ne l'aimerait pas ! car elle n'est pas digne de son amour. Et c'est bien ce dont il s'aperçoit au dernier acte quand, maître enfin de son attrait, il lui déclare :

« Allez, je vous refuse !... »

L'attrait n'est donc pas l'amour. La volonté

qui agit par attrait est une volonté esclave. La volonté qui agit par amour est une volonté libre.

Quiconque aime le bien le fait, librement et volontairement. Quiconque fait le mal avec lucidité, en pleine connaissance, ou dans une ombre voulue, veut le mal et hait le bien.

Il est impossible d'aimer le bien sans le faire, comme de faire le mal en aimant le bien.

Le distique célèbre :

> « Je ne fais pas le bien que j'aime,
> Et je fais le mal que je hais »,

signifie et révèle seulement un caractère de la volonté humaine sur lequel l'attention se porte trop rarement : ce caractère, c'est *l'instantanéité*.

Ma volonté n'est vraiment ma volonté qu'au moment précis où j'en fais usage. Et elle n'est pas rigide, mais mobile. En elle, rien d'arrêté, de fixe, d'immuable par nature, mais seulement par choix, et choix qui se renouvelle ou se confirme incessamment, à mesure du temps qui s'écoule. Ma volonté la plus persistante s'accompagne d'une perpétuelle possibilité de changement. Je ne suis sûr de ce que je veux qu'au moment où je le veux. Rien de ce que j'ai voulu jusqu'ici ne me répond formellement de ce que je voudrai tout à l'heure. Ma volonté vit à chaque seconde d'une vie neuve, inengagée, imprévue et soudaine. Vouloir est l'acte le plus indépendant, le moins lié qui soit au passé récent ou ancien, à l'avenir lointain ou proche. Le passé de la volonté n'enchaîne pas son présent ; son acte ou son intention du moment ne compromet pas son avenir : ce n'est qu'à la sortie des temps, à la dernière parcelle de seconde nous servira de glissoire pour entrer dans l'éternité, que, par son acte ou son intention d'alors, notre volonté nous ouvrira pour jamais le ciel ou l'enfer. Jusque-là, toute volonté humaine a devant elle, dans la succession des instants futurs qui constitue son avenir, un champ toujours vierge, lequel, même jonché des résultats et des conséquences d'un acte antérieur, — fleurs ou ruines — pourra toujours servir de terrain à un démenti de cet acte.

Or, c'est d'un de ces revirements, d'une de ces volte-face toujours possibles de ma volonté que je parle, quand je dis avec le poète que j'aime le bien sans le faire, et que je fais le mal tout en le haïssant. Le bien que je ne fais pas, ce n'est pas le bien que j'aime : c'est le bien que j'aimais il n'y a qu'un instant, et que tout à coup je cesse d'aimer. Le mal que je fais, ce n'est pas le mal que je hais : c'est le mal que je haïssais à la minute, et que tout à coup je cesse de haïr pour me mettre à l'aimer. Je fais ce que mon amour du moment, ma volonté du moment me fait faire.

Ma volonté du moment, mon amour du moment, c'est donc cela seul qui compte. C'est cela seul qui, manifesté par mon acte du moment, dénote l'état de mon cœur ; et l'état de mon cœur, c'est cela seul qui me rend bon ou mauvais.

Et nous sommes tellement faits pour le bien, et le bien c'est tellement ce qui est, c'est tellement l'être, et le mal le manque d'être, que, seul, celui dont la volonté se porte vers le bien est appelé *un homme de cœur*. Celui dont la volonté se porte vers le mal on l'appelle *un sans-cœur*. Tant le bien représente l'être et la vie, — le mal, le défaut d'être et la mort !

Mais la vie est une perpétuelle conquête. La volonté de l'homme de cœur est une volonté perpétuellement en éveil, perpétuellement sur ses gardes. L'amour a beau « rendre léger ce qui est pesant, et doux ce qu'il y a de plus amer » (*Imitation*), la volonté du bien nécessite pour se maintenir bonne, en acte ou en puissance, un incessant effort, — puisqu'à toutes les minutes de notre existence la question de continuité se pose ; puisque, sans relâche, notre parti doit être pris et repris, notre intention affirmée et confirmée, par une nouvelle naissance et une nouvelle jeunesse de notre volonté et de notre amour.

Et cette persévérance est un effort qui coûte, même à l'amour, parce que l'amour du bien, la volonté du bien n'aboutissent pas toujours, sur la terre, au bien sous la forme du bonheur ; parce qu'il y a des échecs, des déceptions, des insuccès provisoires ; et aussi des aridités et des ténèbres involontaires, des abandons apparents de la grâce, des épreuves, en un mot. Et parce « qu'on ne vit point sans douleur dans l'amour » (*Imitation*).

Mais cet effort et ces épreuves, la bonne volonté les surmonte. La mauvaise volonté seule se rebute et capitule. Et si la volonté d'un jour, d'une heure ou d'une seconde, s'est troublée et viciée en présence de l'épreuve, la volonté du lendemain, la volonté de l'heure suivante, de la seconde suivante, peut toujours se ressaisir, se purifier et se rénover.

Notre volonté est à nous tout entière, bien à nous, rien qu'à nous. Elle nous appartient à chaque instant, même si l'instant d'avant nous l'avons laissée se constituer esclave. Son libre élan repose sur l'impulsion divine donnée dans le sens du bien ; il peut se déclancher soit à l'encontre de cette impulsion, soit d'accord avec elle : mais ce déclanchement peut incessamment revenir sur lui-même, désavouant, corrigeant, réparant l'élan précédent. Ainsi, tant que nous vivons ici-bas, tant que notre séjour sur la terre n'est pas achevé, tant que notre âme n'a pas quitté le corps qu'elle enserre, informe et contient, pas de découragement, pas de désespoir, pas de laisser-aller à la dérive, nul abandon de soi ni des autres ailleurs qu'entre les mains de Dieu et de sa Providence.

« Si Judas, écrivait récemment un moraliste profond et familier (1), au lieu d'aller se pendre après son crime, était venu se jeter aux pieds de Jésus, il y aurait peut-être sur nos autels un saint Judas. Dans la vie, il ne faut jamais se pendre ».

(1) Pierre l'Ermite : *Comment j'ai tué mon enfant.*

# XII

## L'éducation de la volonté :
## Le dressage

On ne peut ni créer, ni développer la volonté d'un être. Mais on peut l'éduquer, et l'élever.

On éduque la volonté instinctive en la captant. Puis, on élève la volonté consciente en l'éclairant.

L'enfant n'a d'abord qu'une volonté instinctive. Il vient au monde avec des habitudes innées, les unes bonnes, les autres mauvaises, les unes et les autres dues à une hérédité complexe, à des atavismes divers, lointains ou proches, le tout absolument physique. Cet ensemble d'habitudes innées constitue la nature particulière de l'être, et cette nature lui crée des attraits que le vouloir instinctif ne demande qu'à suivre. Contrarier cet instinct lorsqu'il se révèle pernicieux ; imposer à l'enfant le contraire de ce qu'il réclame, lorsque ce qu'il réclame doit lui nuire physiquement ou moralement ; lui faire, en dépit de son attrait, subir tout traitement approprié à son bien, et exécuter coûte que coûte les actes qui lui seront profitables, c'est la tâche première et immédiate de l'éducateur, tâche élémentaire, aussi aisée que capitale.

Certes, on ne peut vouloir pour personne, et pas même pour un enfant qui vient de naître. Mais comme on peut, au moyen d'un tuteur lié à ses jeunes branches, obliger un arbuste à pousser dans la direction où l'on veut le faire croître, on peut s'emparer de la personne molle et fragile d'un enfant au berceau, et diriger vers le but qu'on désire lui faire atteindre les gestes, les attitudes et les actes qu'on lui impose. Et alors il se produira ceci : le traitement appliqué à l'enfant lui deviendra d'autant moins antipathique, d'autant plus naturel, que plus soutenu ; les attitudes, les gestes et les actes imposés se transformeront en habitudes, et c'est-à-dire en attraits :

car tout acte répété, devenant plus facile à mesure qu'il se répète, incline à la récidive; tout acte contrarié, devenant plus difficile, incline à l'abandon de cet acte. L'acte qui se trouve facilité devient attrayant, celui qui est rendu difficile tourne à la répugnance. Attraits acquis, habitudes acquises, se substituant aux attraits et aux habitudes innés, s'imposeront au vouloir instinctif de l'être comme une force de nature, et en commanderont la direction. La volonté instinctive se trouvera captée.

Cette première phase de l'éducation ne présente pour les parents, pour les éleveurs, d'autres obstacles que ceux qu'ils se créent eux-mêmes.

L'extrême faiblesse physique de l'enfant le plaçant totalement dans la dépendance et à la merci des grandes personnes, celles-ci ont en mains tout ce qu'il faut pour contraindre et diriger à leur gré cette volonté instinctive. L'énorme supériorité de leur force matérielle sur la force matérielle d'une petite créature qu'elles peuvent manier comme bon leur semble ne laisse aucun doute sur la réussite d'une telle entreprise. Mais il est des personnes qui justement se laissent arrêter, dirait-on, par la trop grande facilité de cette tâche. Se servir ainsi de leur supériorité leur apparaît comme un abus et une lâcheté. Contrarier un innocent leur fait l'effet d'un crime et de quelque chose d'inhumain. Et les voilà prêtes à désarmer devant les sourires, les pleurs ou les caresses du petit être confié à leurs soins, et dont elles ne s'efforceront que de contenter les caprices !

Il y aurait abus, certes, de la part des grandes personnes, si elles allaient dans l'emploi de leur force jusqu'à la violence ou à la brutalité, ou si elles se servaient de leurs prodigieux avantages pour dresser un enfant au mal, ou pour lui imposer des choses contre-nature. Mais diriger un enfant dans le sens du bien, ce n'est pas violenter sa nature, car le bien est son but naturel. L'usage de la force en vue du bien, quand on a charge d'âmes, n'est pas plus un abus que l'acte du chirurgien qui ligote un malade pour pouvoir l'opérer, ou que celui du sauveteur qui étourdit d'un coup de poing son naufragé pour l'empêcher de les faire, en se débattant, couler tous les deux.

Le bien obtenu de l'enfant par le dressage ne sera pas encore pour lui le bien méritoire, qui ne peut exister que dans l'être conscient et réfléchi. Ce sera du moins le bien en fait, le résultat pratique satisfaisant, auquel il convient d'aboutir le plus tôt possible. L'enfant bien dressé sera vite un enfant mieux portant, plus gentil et plus heureux que l'enfant livré aux caprices de son instinct. Ce sera en outre un enfant tout disposé et tout prêt à se conduire de lui-même comme on l'aura fait se conduire dans sa petite enfance.

On garde toute sa vie certains plis pris pendant le premier âge. On aime ce à quoi l'on a été accoutumé. On conserve le goût du genre de nourriture que l'on a d'abord connu, l'attachement aux horizons familiers dans lesquels on a grandi. On reste sensible au charme des anciens airs par lesquels on a été bercé, à la première musique ayant chanté dans l'âme. Toute une aimantation de l'être, aimantation d'une puissance et d'une portée extraordinaires, résulte de ces toutes premières accoutumances, qui semblent à certaines personnes si insignifiantes et si puériles!

Au cours de cette œuvre du dressage, se trouve tout indiqué l'emploi de l'attrait-récompense et celui de la répugnance-punition. Dans l'esprit de l'enfant, si inconscientes encore que soient les opérations de sa mentalité, un lien se forme vite entre l'acte et sa conséquence. Lorsqu'il aura constaté à deux ou trois reprises que se rouler par terre lui vaut le fouet et qu'obéir lui vaut un baiser, il ne tardera pas à choisir de se ranger à la façon d'agir dont le résultat lui est le plus agréable. L'instinct, du reste, suffit ici pour opérer ces rapprochements : le chien savant, le chien de chasse, le cheval de course, tous les animaux que l'on dresse, n'arriveraient jamais à posséder les talents qu'on leur inculque, si leurs maîtres ne faisaient usage tour à tour du morceau de sucre et de la cravache.

Le dressage, période de l'éducation par la force, — commencé dès la naissance pour ne pas laisser aux tendances mauvaises le temps de se développer et de s'affermir par l'exercice,

— dure jusqu'au moment où la vigueur physique de l'enfant commence à contrebalancer la vigueur physique de l'éducateur ou de l'éducatrice.

Il y a de pauvres mamans, il y a même d'infortunés papas, qui, réellement, ne sont plus de force à lutter contre leur petit garçon lorsque celui-ci, parvenu à l'âge de cinq ou six ans, — cela dépend des santés! — donne des coups de pied et des coups de poing, galope, s'échappe, s'enferme, se livre enfin à toute la défense matérielle qu'il peut organiser contre l'emploi de la contrainte pour un purgatif à absorber ou une correction à recevoir. Il est à l'éloge des parents que cette lutte, — déshonorante pour l'autorité, — devienne superflue et impossible moralement, à l'époque précise où elle deviendrait redoutable physiquement, parce qu'à cette époque le dressage doit avoir opéré son œuvre, et l'enfant se trouver plié à l'obéissance.

S'il n'en est pas ainsi, c'est que les éducateurs n'ont pas su, ou pas voulu, s'y prendre comme ils auraient dû s'y prendre.

Quoique cette toute première phase de l'éducation ne s'adresse encore qu'à la volonté instinctive, il ne faut pas remettre à plus tard de prononcer devant l'enfant le mot *bien*, le mot *devoir* et le mot *Dieu*. Le sens, d'abord nul ou confus, de ces mots lui deviendra rapidement, malgré leur abstraction, aussi intelligible que celui de tous les autres mots dont le son frappe constamment son oreille, et qu'il situe parfaitement dans leur domaine. Du reste, on ne sait jamais au juste à quel âge la notion du bien et du mal commence à s'agiter obscurément dans la conscience. En général, cette notion est plus précoce qu'on ne croit. En tous cas, joindre les mains de l'enfant pour la prière, lui faire baiser l'image pieuse suspendue à la tête de son lit, l'habituer au silence et à l'immobilité dans l'église, à une attitude respectueuse en présence des personnes et des choses respectables, c'est le dresser par une pratique machinale à la pratique volontaire, délibérée et méritoire que sa raison et la grâce divine lui feront adopter plus tard en toute connaissance de décision.

# XIII

## L'éducation de la volonté : deuxième période

A mesure que l'enfant grandit, son intelligence se développe, sa volonté commence à en recevoir les avertissements : elle commence à se transformer de volonté instinctive en volonté consciente et responsable, capable de se constituer bonne ou mauvaise volonté.

Cette transformation ne se fait pas en un jour. L'éducateur a donc encore à éduquer, et c'est-à-dire à capter, ce qui reste dans l'enfant de volonté instinctive, en même temps qu'il va avoir à élever, et c'est-à-dire à éclairer, ce qu'il y apparaît de volonté consciente.

Et ces deux opérations, ces deux procédés, ces deux tâches, il va falloir les mener de front, parallèlement. En même temps qu'on fera obéir l'enfant d'autorité, ou commencera de lui expliquer les motifs raisonnables de son obéissance. La sanction de l'acte s'accompagnera de l'instruction de la parole. Ce n'est plus le moment d'imposer des habitudes par la force : mais par la répétition *ferme, persévérante, et sereine,* des mêmes ordres et des mêmes observations.

L'esprit de l'enfant est essentiellement oublieux et léger. D'une minute à l'autre, il perd de vue ce qu'on vient de lui faire observer. L'éducateur doit dire et redire sans se lasser, sans s'étonner, sans s'indigner, sans rendre l'enfant responsable d'une étourderie inhérente à son âge, ce qu'il a déjà dit mille fois, et qu'il lui faudra redire dix mille fois encore. Rien ne sert de s'énerver, de s'exaspérer, d'accabler un enfant de « En voilà assez!... Tu le fais exprès!... Veux-tu être sage?... Tu es insupportable, à la fin!... » etc. etc... Toutes ces impatiences et toutes ces exclamations ne servent qu'à noyer l'observation essentielle, et à l'empêcher de s'incruster dans le jeune entendement, friable encore à l'excès, et bouleversé en pure perte par tout ce déluge de reproches et de commentaires.

Mais on ne peut se borner à enfermer un enfant dans un cercle d'habitudes. La vie n'est pas que la répétition monotone des mêmes actes. Elle offre un vaste champ à l'imprévu, et l'âme, par un certain côté, aspire à cet imprévu. Il faut tenir compte de ce besoin de nouveauté qui existe en tout être humain, surtout à l'âge où tout est découverte, initiation et émerveillement, et où il est si facile de procurer des surprises joyeuses, des ravissements et des admirations fertiles. Imaginatif et sensible, tel est surtout l'être sur lequel s'exerce cette seconde période de l'éducation. Emprisonner un enfant dans une enceinte de routines et de rabâchages, ce serait lui suggérer un désir fou de s'évader, de connaître à tout prix autre chose. La tâche ici consiste donc surtout à charmer, à séduire, à enthousiasmer cette jeune âme, ce cœur qui s'ouvre et qui frémit de toute la poussée d'un sang chaud et ardent... charme, séduction et enthousiasme suscités, cela va sans dire, en faveur du bien et du devoir, qu'il s'agit de rendre le plus attrayants possible.

Ne pas confondre ce procédé avec celui qui s'appelle vulgairement dorer la pilule. Il n'est pas question, pour rendre le devoir attrayant, de l'incorporer d'une manière artificielle à une apparence de plaisir. L'enfant discerne très bien ce truquage et ne s'y laisse pas prendre. L'huile de ricin avalée dans une tasse à fleurs n'en reste pas moins de l'huile de ricin ; et c'est la tasse à fleurs qui risque d'être prise en grippe.

Ne pas non plus, sous prétexte d'opportune condescendance, tourner toute chose sérieuse en amusement. N'occuper l'enfant que de jeu, c'est cultiver en lui une puérilité qu'on a pour mission de faire peu à peu se muer en maturité. L'enfant doit être habitué à prendre au sérieux les choses sérieuses. Vouloir qu'il s'amuse de tout, ce n'est pas lui rendre le devoir attrayant, c'est lui en ôter le respect.

Mais voulez-vous que votre enfant étudie et s'instruise? Faites-lui aimer son travail, car aimer c'est vouloir. Et pour qu'il aime le travail, rendez-lui le travail aimable en lui donnant des professeurs sympathiques, des livres bien faits, une salle d'étude où il ne gèle pas l'hiver et ne cuise pas l'été, et dont les murs ne suintent pas l'ennui. Voulez-vous que votre enfant, en grandissant, reste volontiers dans sa famille et s'attache à son intérieur? Rendez-lui cet intérieur agréable par la paix et l'harmonie que vous y ferez régner, par la gaîté que vous y entretiendrez, par les gentils camarades que vous réunirez autour de lui. Voulez-vous que votre enfant devienne pieux? Rendez-lui la piété douce et souriante par la pratique de petites dévotions faciles, par la poésie des récits bibliques et évangéliques, ouvrant des ailes à son imagination et touchant son cœur. Voulez-vous faire de votre enfant un homme vertueux? Rendez-lui la vertu attirante en la lui représentant vous-même sous des traits plaisants ; montrez-lui en votre personne la vertu enjouée, la vertu cordiale, la vertu charmante ; exercez sur lui, par votre seul exemple, la séduction de la vertu.

Tout ceci n'empêchera pas qu'en mainte circonstance, le devoir, en se présentant à l'enfant, réclamera de lui un effort. Si l'effort le rebute, s'il commence par s'y dérober, ne l'accusez pas tout de suite de mauvais vouloir. Mesurez d'abord, et faites-lui ensuite mesurer à lui-même ses possibilités. Faites-lui prendre conscience de sa valeur musculaire et intellectuelle. Montrez-lui ce qu'il peut faire, ce qu'il est réellement capable de faire s'il le veut. Ne lui demandez jamais un effort exagéré, impossible, ou disproportionné avec son résultat.

Surtout, ne dites jamais à un enfant qu'il n'a pas de volonté. D'abord parce que ce n'est pas vrai. Ensuite parce que vous feriez immédiatement se tourner toute la volonté qu'il a vers l'inaction, la paresse et le *statu quo*.

Dites-lui au contraire qu'il possède toute la volonté nécessaire pour faire ce qu'il doit, et que ce qu'il doit n'est jamais que ce qu'il peut. Faites-lui chercher dans quel obscur ou tortueux repli de sa conscience est allée se terrer cette volonté qui n'apparaît pas pour l'effort antipathique; faites-lui comprendre que s'il ne parvient pas à mettre sa volonté à tel acte qui serait de son devoir, c'est qu'il l'a

mise ailleurs : au jeu, au repos, ou au mal...
Dites-lui que c'est là qu'il la faut aller dénicher
et reprendre, pour la mettre où elle doit être
mise ; et montrez-lui qu'en somme, pour vouloir ce qu'on ne veut pas, il s'agit d'abord de
*dévouloir* ce qu'on voulait : ce qui sera lui faire
toucher du doigt l'existence réelle de cette
volonté, toujours employée à quelque chose,
et jamais abolie chez personne, en aucun cas.

En même temps que vous éclairerez ainsi
peu à peu la conscience de votre élève, vous
continuerez à vous servir, pour aiguiller et
lancer sa volonté à l'assaut du bien, de l'a-
morce de l'attrait : attrait-immanence, et aussi
attrait-récompense.

Faire choisir à la volonté le devoir pour le
devoir, c'est là sans doute le but le plus élevé,
le but final de l'œuvre. Mais on n'y arrive pas
d'un coup et sans étapes. On n'y arrive même
jamais que si celui que l'on dirige veut bien s'y
porter librement. Nous l'avons dit : on ne
peut vouloir pour personne. On montre le chemin au voyageur : on n'y marche pas pour lui.
On n'éduque, on ne dresse, en la captant, que

la volonté instinctive. On n'éduque, on n'élève, en l'éclairant, que la bonne volonté. On n'éduque pas, on n'élève pas le mal. Il est oiseux et superflu d'éclairer la mauvaise volonté qui, par définition, fuit la lumière, on s'en sert pour diriger sa marche à l'opposé du bien. On peut, toutefois, réprimer dans ses effets une volonté mauvaise ; on peut aussi l'engager, par l'amorce de la récompense ou la peur du châtiment, à se porter vers le bien dont elle se détournait : mieux vaut le devoir rempli par intérêt ou par crainte que le devoir qui n'est pas rempli du tout ! L'éducation ne servirait-elle qu'à brider par la contrainte, enchaîner par l'habitude, captiver par l'attrait ou terroriser par le châtiment un vouloir en révolte contre le devoir, qu'elle serait encore fort utile à la société.

Le système des récompenses et des punitions, levier d'encouragement pour la bonne volonté et de défense contre la mauvaise, n'est d'ailleurs pas le procédé avilissant et grossier que des penseurs hautains méprisent. Dieu lui-même ne néglige pas de s'en servir à notre égard. Le sentiment du devoir peut faire corps avec le désir de la récompense, quand celle-ci représente un bien de qualité noble, un bien supérieur aux appétits bassement matériels. C'est un devoir pour le chrétien de désirer le bonheur du ciel. C'est un devoir pour l'enfant de désirer le regard et le sourire approbateurs dont sa mère le paie pour une bonne action accomplie. C'est un devoir pour le soldat d'ambitionner la croix des braves. Nul n'a le droit de dédaigner les témoignages d'estime attachés à l'accomplissement du devoir : et ce serait offenser gravement le chef qui les décerne que de les refuser par un prétendu désintéressement sous lequel se cacherait l'orgueil d'une présomption insolente.

L'art de l'éducateur consistera donc à n'employer comme récompenses que des choses pouvant élever l'enfant, et non l'avilir; à n'utiliser que des attraits nobles, ou tout au moins innocents; à proscrire ce qui développerait les tendances médiocres ou fâcheuses. Bourrer un enfant de friandises parce qu'il a été sage, c'est le rendre gourmand, beaucoup plus que lui faire aimer la sagesse. Promettre à une petite fille une jolie robe si elle apprend bien sa leçon, c'est l'inciter à la coquetterie bien plus qu'à l'amour du travail. Que de défauts on donne ainsi aux enfants, gratuitement, bénévolement, pour s'étonner ensuite, et se scandaliser, en constatant qu'ils les détiennent !

Et ce n'est pas seulement par le choix de récompenses maladroites qu'on donne aux enfants des défauts et même des vices. Lorsqu'on les humilie par certaine punitions, notamment en révélant sans nécessité leurs méfaits devant des étrangers, on développe ou l'on crée en eux l'esprit de rancune et de vengeance. Il est bon de faire, parfois, qu'un enfant s'humilie : il est toujours mauvais de l'humilier. On les détourne de la franchise en accueillant sans indulgence l'aveu de leurs fautes. On les rend colères, hargneux et grossiers, en se livrant devant eux à la violence, à la mauvaise humeur, à la grossièreté de langage. On compromet la pureté de leur cœur, la saine éclosion de leurs sentiments, lorsqu'on tient en leur présence des propos déplacés, des conversations scabreuses, coupées de réticences, qui les incitent à la fois à la curiosité malsaine et à la sournoiserie; car ils font souvent semblant de ne pas comprendre tout en comprenant fort bien! Enfin, on fausse leur jugement, on fait dérailler leur volonté, en leur donnant sur la vie et sur la morale des notions inexactes ou mal étayées, comme en laissant sans réponse leurs interrogations et leurs inquiétudes, exprimées ou latentes.

L'enfant se demande plus tôt et plus souvent qu'on ne croit le pourquoi des choses. Il faut le renseigner sur les lois de la vie avec prudence, en mesurant les initiations à son âge et à son caractère, mais sans jamais lui mentir. Et dans le domaine de la morale, non seulement il ne faut jamais refuser de lui donner les explications qu'il réclame, mais il faut aller au-devant de ses questions et de ses recherches, en basant tout ce qu'on lui enseigne, et l'autorité sous laquelle on le tient, et le respect qu'on exige de lui, — sur l'enseignement divin, l'autorité divine, et le respect dû à Dieu.

L'éducation sera religieuse ou ne sera pas. Il est impossible d'ancrer dans une âme le caractère obligatoire du devoir sans le faire remonter à son principe, qui est la volonté maîtresse du Dieu Père et Créateur des hommes. Si l'on s'en tient au devoir dicté par les hommes eux-mêmes, l'enfant n'aura de respect pour ce devoir humain qu'autant qu'il sera trop faible pour s'y soustraire, et, devenu homme à son tour, il le modifiera selon sa conception personnelle, c'est-à-dire selon sa fantaisie et son bon plaisir.

L'enseignement humain étayé, fondé sur l'enseignement divin, et se reliant, se rattachant en tout et toujours à cette base, à ce point de départ, est le seul qu'une volonté bien intentionnée puisse, en toute loyauté, se reconnaître le droit de répandre ; comme il est le seul auquel une volonté bien intentionnée puisse, en toute sécurité de conscience, aller demander conseil.

## XIV

## L'éducation de la volonté
## Troisième période

La troisième phase de l'éducation de la volonté — et l'on peut dire de l'éducation tout court, car élever la volonté c'est élever tout l'individu — est celle qui correspond à l'ébullition dans le jeune cerveau de toutes les idées en tumulte, de toutes les conceptions frémissantes, de toutes les chimères et de tous les rêves, de toutes les inductions et déductions nées de la pensée en travail, pensée alimentée au hasard de tout ce que l'adolescent découvre, voit, entend, soupçonne et croit inventer. En même temps que se produit en lui cette effervescence générale, un désir d'indépendance, un besoin violent d'émancipation commence à l'agiter, et quelquefois furieusement : il se sent pressé de vivre par lui-même, de se conduire d'après ses propres directives, d'utiliser et surtout de manifester les facultés qu'il aperçoit en lui et dont il a hâte de revendiquer à la fois l'usage et la propriété.

C'est à ce moment formidable que l'éducateur peut intervenir comme un bon génie ou comme un sorcier néfaste, selon qu'il versera dans ce chaos la goutte de bon sens, l'élixir divin qui va tout clarifier, ou le poison qui va tout corrompre.

S'il n'intervient en aucune façon, s'il se borne à regarder en spectateur amusé ou indifférent le redoutable précipité qui s'opère chez son élève, il se conduit en sceptique. S'il intervient pour faire, dans cet esprit en gestation, triompher ses idées à lui, ou les idées de son parti, il agit en sectaire. S'il intervient pour faire triompher les idées reconnues par l'élite de l'humanité, depuis que le monde est monde, pour des idées bonnes, justes et sages, et découlées des vérités révélées de Dieu, il agit en apôtre.

Scepticisme, sectarisme ou apostolat : l'homme qui enseigne, professe, gouverne ou légifère, ne peut s'écarter d'un de ces trois systèmes.

Le scepticisme a fait ses preuves. N'offrant ni ligne de conduite à la volonté, ni boussole aux esprits en quête d'absolu, ni consolation aux cœurs troublés, il est le père du désarroi, de l'anarchie, de la débâcle universelle. Le sectarisme sera toujours avec juste raison la bête noire de tous les gens de bien : ennemi-né de la liberté et de la justice, fils de l'orgueil et de l'intérêt personnel, il ne peut engendrer que haine et discorde. L'apostolat seul, c'est-à-dire le dévouement sans arrière-pensée au vrai et au bien puisés à leur source divine, est capable d'élever en l'éclairant la volonté consciente et libre ; d'apporter aux êtres qui se débattent dans le conflit de leurs passions naissantes, de leurs désirs fougueux, de leurs aspirations confuses, de leurs angoisses intellectuelles et morales, — le savoir utile, judicieux, qui les fixera dans la vérité, la parole de paix, de vie et de lumière qui contiendra les emportements sans valeur, et donnera l'essor à toutes les envolées fécondes.

A cette époque de fermentation de la mentalité, caractérisant le passage de l'enfance à la jeunesse, les deux grands écueils que nous avons signalés chapitre IX : suffisance et insuffisance intellectuelles, guettent, pour la faire trébucher, la volonté consciente et réfléchie. L'éducateur doit mettre son élève en garde contre chacun de ces deux écueils. Tout en le rendant respectueux des premières certitudes naturelles déposées dans l'intelligence par une sorte de révélation privée, il lui fera reconnaître et avouer les erreurs, les contradictions, les déraillements inévitables de la raison humaine livrée à ses seules ressources. Il lui montrera que nous n'avons tous qu'un moyen d'échapper aux perpétuels flottements d'un savoir tronqué, à la menace permanente d'une faillite totale ou partielle de nos systèmes philosophiques les plus ingénieux, voire géniaux : c'est de chercher le vrai à une source qui nous dépasse, et de nous soumettre humblement aux authentiques transmissions qui en découlent.

Mais la volonté frémissante du jeune homme ou de la jeune fille piaffe d'impatience devant vos raisonnements et vos conseils. Elle n'aura de cesse que vous lui ayez ôté le mors, et donné le droit de bondir enfin *sans vous* dans le champ de l'avenir, qui s'ouvre devant son regard avide et enivré.

Le but suprême de l'éducation, ne l'oublions pas, est de rendre l'élève capable de se passer du maître.

Vous apaiserez, vous contenterez ce qu'il entre de logique, de dignité et de noblesse dans ce désir de « self-government » en engageant spontanément votre disciple à s'élever du « moi » au « je », c'est-à-dire de la règle subie à la règle adoptée ; à devenir maître de ses habitudes, maître de ses attraits, même des bons, même de ceux que vous aurez vous-même enracinés en lui avec le plus de soin. Vous le sauverez du délire égarant de l'orgueil en lui faisant constater de combien de traits hérités, de combien d'empreintes et d'emprises reçues se compose, qu'il le veuille ou non, sa personnalité actuelle. Et vous l'amènerez à déclarer de lui-même que pour vivre et penser librement il ne s'agit point de jeter par terre ce qu'on trouve en soi de tout bâti, quand l'édifice est habitable, harmonieux et solide : mais seulement d'y apposer son écusson et son chiffre.

Lorsqu'un professeur de natation met pour la première fois un enfant à plat ventre sur l'eau, il commence par l'entourer d'une ceinture de liège et le soutenir de la main, tout en lui faisant exécuter les mouvements par lesquels le petit nageur se soutiendra et évoluera tout seul un jour. Peu à peu, l'habitude prise et le savoir venu, le professeur lâche son élève, le délivre de sa ceinture, et l'abandonne à son initiative. L'élève qui a voulu vraiment apprendre à nager ne va ni oublier ni renier les instructions reçues : il ne va pas essayer de s'en déprendre pour barboter à sa façon ; il va au contraire s'en servir pour évoluer à la fois en liberté et en sécurité, en se dirigeant lui-même de la façon dont il a été dirigé jusqu'alors.

C'est ainsi que la volonté libre, à l'âge du plein développement de la raison, s'empare du gouvernement de l'être ; et, sans balayer les habitudes innées ou les données acquises qu'un heureux atavisme et une éducation salutaire y auront déposées, cette volonté libre, si elle est bonne, dirigera l'être d'une manière consciente et désormais méritoire vers le bien pratiqué jusque-là plus ou moins inconsciemment.

Mais la volonté libre peut se constituer volonté mauvaise. Échappant à toute captation dès qu'elle cesse d'être le moins du monde instinctive, elle peut faire litière de tous les principes et de tous les enseignements reçus, fouler aux pieds le trésor des dons acquis et des bienfaisantes accoutumances, tourner le dos à la lumière, s'orienter exprès à l'encontre du bien et du devoir, et s'enfoncer délibérément dans l'erreur et le mal.

Et de cela rien ni personne ne pourront l'empêcher.

Nous avons dit qu'on n'éduque pas, qu'on n'élève pas le mal... N'y a-t-il donc rien, absolument rien à faire à l'égard de la mauvaise volonté ?

C'est ce que nous allons examiner pour finir.

## XV

## L'éducateur en face de la
## mauvaise volonté

Ce n'est pas seulement pendant la dernière phase de son œuvre que l'éducateur pourra se trouver désarmé par le mauvais vouloir de son élève : bien des fois, au cours de cette œuvre de patience, d'intelligence et de dévouement, pendant laquelle le bon vouloir du disciple doit collaborer avec le bon vouloir du maître pour que des fruits s'aperçoivent, l'enfant, de son plein gré, résistera, se dérobera, se refusera, en sachant ce qu'il fait et en voulant le faire. Éclairé, raisonné, chapitré, bien convaincu intérieurement qu'il a tort, il ne cédera pas : il continuera à suivre la mauvaise route, et à manquer aux devoirs, petits ou grands, qui sont les siens.

Que doit faire ici l'éducateur ?

Tout d'abord, délimiter soigneusement les proportions réelles de ce mauvais vouloir. Peut-être n'occupe-t-il pas toute la conscience. Peut-être une partie seulement de cette volonté, essentiellement divisable, nous l'avons vu, s'est-elle mise au service du mal, le reste demeurant au service de quelque bien, visible ou secret. Il faut quelquefois aussi fouiller dans une âme pour y découvrir la bonne volonté cachée! Sur cette part restante de bonne volonté, l'éducateur conservera son action : il l'éclairera mieux, la fera ainsi se porter plus avant, agir plus vite, monter plus haut, et peut-être rallier finalement à elle tous les fragments qui s'en étaient détachés.

Secondement, l'éducateur, lorsqu'il se trouve en face d'un mauvais vouloir, total ou partiel, bien caractérisé et nettement défini, a quelque chose à faire d'extrêmement important, que nous avons déjà indiqué, mais sur quoi il faut revenir et insister : c'est de réprimer vigoureusement les effets de ce mauvais vouloir. C'est-à-dire en arrêter les conséquences, en protéger les victimes, et châtier le coupable.

Il est inique et scandaleux de laisser un acte mauvais produire des conséquences heureuses ou agréables pour celui qui l'a commis : lorsque par sa désobéissance, son larcin ou son mensonge, un enfant s'est procuré la matière ou l'occasion de quelque plaisir, ou doit annihiler, ruiner immédiatement son fâcheux triomphe, et lui arracher sans pitié le bénéfice de sa faute.

Lorsque la mauvaise conduite d'un enfant est cause que d'autres enfants, ou d'autres membres de sa famille, de son entourage, souffrent et pâtissent, subissant le contre-coup de ses révoltes, de ses manquements ou de ses méchancetés, l'autorité doit intervenir pour empêcher dans toute la mesure du possible l'accomplissement de cette injustice. Il est odieux de voir, — comme cela se pratique trop souvent dans les familles, grâce à l'aveuglement volontaire de certains parents idolâtres, flattés par quelque cajolerie ou quelque ressemblance en laquelle ils se complaisent, — les bons, les doux, les serviables, les modestes, sacrifiés aux égoïstes, aux exigeants, aux vaniteux, aux dépensiers, aux imposteurs. Il y a des sœurs qui paient éternellement pour leurs frères, des aînés qui sont toute leur vie les victimes de leurs cadets, de quelque benjamin gâté, corrompu par une adulation et une lâcheté criminelles. Ce sont là de criants abus contre lesquels il faut s'élever avec la plus grande énergie.

Les conséquences illégitimes de la faute arrêtées, les victimes protégées, il reste à châtier le coupable d'une façon mesurée, proportionnelle à sa culpabilité.

Laisser tranquillement s'exercer la mauvaise volonté sans la contenir et sans la punir, c'est contribuer au règne de l'injustice sur la terre, c'est faire servir les bons au plaisir et à l'avantage des méchants, et c'est enfin abandonner ceux-ci à leur perdition.

Non seulement la répression du mal est nécessaire à la protection du bien, mais cette répression ne laissera pas d'exercer, sur le méchant lui-même, une sorte d'ascendant mystérieux. Sans doute, tant que la volonté ne se retournera pas, tant qu'elle ne choisira pas, dans l'intime d'elle-même, de faire face au devoir, parce qu'il est le devoir, tout ce qu'on pourra obtenir d'elle par menace, promesse, force vive ou châtiment, ne changera pas sa malice en bonté : il y a cependant dans le bien, pratiqué même de mauvais gré, même avec une arrière-pensée perverse, il y a dans le bien une telle force divine, une telle puissance de pénétration, d'illumination et de conquête intérieure, qu'on a vu des misérables, des êtres dépravés et corrompus, des renégats, brusquement convertis par un acte de charité ou d'héroïsme qu'ils avaient été conduits à accomplir malgré eux. On ne perd donc pas son temps à l'égard du méchant lui-même quand on l'empêche de faire ce qu'il voudrait, qu'on le prive du bénéfice de ses fautes, et qu'on le force à faire ce qu'il ne voudrait pas.

Enfin, devant les manifestations persistantes de la mauvaise volonté, l'éducateur a une troisième chose à faire, qui est de prier. Il devrait même toujours commencer par là, sans attendre que s'incruste et s'étende un mauvais vouloir passager ou partiel.

La prière est la première comme la dernière arme. Je dirai même que sans elle tous les efforts personnels, aussi bien que toutes les mesures adoptées à l'égard d'autrui, resteront vains.

Qu'on me permette ici un souvenir… J'ai fait pendant vingt ans de ma vie le catéchisme tous les jeudis matins. Je l'ai fait à des enfants du Nord et à des enfants du Midi, à des petits et à des grands, à des garçons et à des filles. J'ai la pratique de ce jeune monde. Je connais la façon de les manœuvrer. En général, je les tenais tous en main. Ils étaient sages. Ils m'aimaient. Ils s'intéressaient à ce que je leur racontais. J'en ai eu qui m'ont édifiée, attendrie, émue par leurs sentiments et leur conduite. J'en ai eu d'étourdis et de légers, dont l'esprit s'envolait comme papillon ou moineau. J'en ai eu enfin qui étaient de bons diables, et d'autres de francs polissons. Un de ces derniers, le pire dont le souvenir me soit resté, s'appelait Larcher. Non seulement il n'apprenait jamais une ligne de sa leçon, non seulement il n'écoutait pas un mot de l'enseignement donné, mais ce n'était, pendant toute l'heure de classe, que plaisanteries, niches aux voisins, réponses goguenardes, et dissipation ininterrompue. Il avait inventé, chaque fois que je m'adressais à lui en prononçant son nom, de me répondre invariablement par ces trois mots, répétés sur le même ton traînard et blagueur : « Pas Larcher, Jacob. » Et les autres de rire ! Cette scie avait le plus grand succès.

Ce galopin, vrai type du voyou de Paris en herbe, mine à la fois chétive et hardie, gouailleuse et sournoise, non seulement ne gagnait rien à venir au catéchisme, mais en faisait perdre le bénéfice à tous ses camarades. Les dames catéchistes disposent de peu de moyens pour récompenser ou sévir : quelques images, distribuées dans les limites du règlement, pour ne point créer de concurrence ni soulever de jalousies, le renvoi momentané ou définitif (et souvent le premier tourne au second sans qu'on l'ait voulu, par la mauvaise volonté des parents !), c'est à peu près tout. Je ne voulais pas renvoyer Larcher. Observations, reproches, sévérités, exhortations affectueuses, rien n'aboutissait. Que faire ?

Je me mis à prier pour lui de toutes mes forces, dans l'intervalle d'un jeudi à l'autre.

La semaine écoulée, j'arrive, à l'heure de la leçon, devant la porte de la salle où se tenaient les séances. Mon Larcher rôdait alentour, la figure métamorphosée... Il m'aborde, contrit et docile... il entre, se place, ne bronche plus... A partir de ce jour, ce fut un agneau. Et comme il était fort intelligent, il apprit tout ce que je voulus.

Il faut donc prier : prier pour le petit enfant, prier pour l'écolier, prier pour la jeunesse en proie à toutes les effervescences et à tous les troubles de la sève en travail ; et il faut prier pour l'homme fait... et il faut prier, prier ardemment pour celui qui veut le mal !

Dieu, qui ne peut pas plus que nous, malgré sa Toute-Puissance, vouloir pour le pécheur, dispose cependant d'influences et de moyens que nous ne possédons pas pour transformer les affections d'un cœur et briser les attaches d'une volonté. L'homme élève : Dieu soulève. L'homme éclaire : Dieu aveugle, au double sens de projeter l'évidence ou de créer la nuit. Une cécité soudaine sert parfois de préface au renfort de la grâce...

Les voies de Dieu nous sont inconnues, mais nous savons qu'elles s'ouvrent devant la prière.

Ne désespérons donc jamais d'une volonté mauvaise, tant qu'un souffle de vie anime encore son possesseur.

On ne peut jamais, du reste, préjuger des directions futures que prendra ou conservera un vouloir humain. Tout demeure toujours possible, en fait de revirement et de volte-face, dans le bien comme dans le mal, à une conscience humaine. La vie est une partie qui ne se gagne ou ne se perd qu'avec la dernière carte jouée. C'est une lutte, dans laquelle chacun peut tour à tour succomber et se relever, sans jamais pouvoir avant la mort se déclarer vainqueur ou vaincu. A plus forte raison les témoins de cette lutte ne peuvent-ils connaître à l'avance son résultat final.

Ainsi donc, prière et confiance ! donnons-nous tout entiers à notre apostolat, en demandant à Dieu d'en faire mûrir les fruits. Ne croyons jamais à la stérilité fatale de nos efforts, ne doutons pas de la possibilité, mieux, de la probabilité de la moisson. Et pour assurer, de notre côté, dans toute la mesure où nous en sommes responsables, cette moisson, cette récolte que nos vœux appellent, commençons par nous appliquer nous-mêmes, à nous-mêmes, le programme et la tactique dont nous venons de parcourir les grandes lignes ; dressons-nous au bien ; enchantons-nous à son service ; instruisons-nous de lui de mieux en mieux, illuminons toujours davantage nos intelligences à son rayonnement divin. Et, en y entraînant tous ceux qui dépendent de nous, ceux que nous avons pour mission de guider, de diriger, de sauver, n'oublions pas que ce que nous faisons ne serait rien si Dieu ne le faisait avec nous ; et, puisque la prière est une des conditions qu'Il a mises à l'effusion de son secours, prions ! Prions pour les autres et prions pour nous-mêmes, prions pour l'établissement du bien dans le monde, pour le redressement des consciences et le couronnement des loyaux efforts...

Gloire à Dieu au plus haut des cieux, et paix sur la terre aux hommes de bonne volonté !


FIN

# TABLE DES MATIÈRES

Imprimerie E. Aubin

Ligugé (Vienne)